KB115200

# 골프 스윙의 원리

김 성 수 지음

전원문화사

# 추천의 말

'니클라우스 골프 센터 & 아카데미'는 골프 역사상 가장 위대한 골퍼로 추대되고 있는 'Jack Nicklaus'와 그의 스승 'Jim Flick'의 노하우를 바탕으로 체계화되고, 조직화된 골프 전문 아카데미입니다.

골프 스쿨의 대명사인 '잭 니클라우스 골프 센터 & 아카데미'는 세계 곳곳에서 최고 수준의 골프 교육기관으로서의 명예를 지켜왔으며, 이제 한국에서도 그 명성에 걸맞는 전문 교육 시스템과 미국 PGA Class A 강사진을 중심으로 정확한 골프 교육과 바람직한 골프 문화 창달을 위하여 최선의 노력을 다하고 있습니다.

골프는 오랜 역사를 가지고 있음에도 불구하고, 국내외에서 이루어지는 골프 레슨의 많은 부분이 여전히 지도자의 주관적인 경험에 의존하고 있는 실정이어서, 골프 교육의 전문화와 과학화를 더디게 하고 있는 원인이 되고 있습니다.

저희 '잭 니클라우스 골프 센터 & 아카데미'에서 실시하는 과학적인 교육 시스템은 객관적인 원리와 방법론의 조화, 이론과 실기의 접목을 통한 최고의 교육방법임을 자부하고 있습니다.

금번 이 책을 출간하게 된 목적도 저희 '잭 니클라우스 골프 센터 & 아카데미'에서 추구하고 있는 원리에 입각한 골프 교육의 일환으로서, 골프를 가르치고 배우시는 분들이 보다 쉽게 원리를 이해할 수 있도록 하고자 하는 것입니다.

원리를 이해한다는 것은, 간단한 수학공식을 이용하여 복잡하고 다양한 문제를 해결하는 것과 같다고 하겠습니다. 이 책을 통하여 독자 제현의 골프 스윙이 날로 발전하기를 기원합니다.

2002년 7월

*Jack Nicklaus*

대표이사 김 영

# 이 책을 쓰기까지…

**15**년간 금융기관에서 근무하면서 이자율 0.1%를 두고 씨름하다가, 골프로 밥을 먹고 살겠다고 나온 지 어언 3년여. 내가 쓴 책을 손에 들고 보니, 변화된 내 모습이 조금은 실감나는 것 같다. 이 책으로 인하여 말하기 좋아하는 몇몇 사람들은 나를 작가라고 부를 것이기 때문이다.

사실 나의 학력, 이력 어디를 들여다보아도 나를 골프 전문가로 보기는 어려울 것이다. 다만 적지 않은 나이에 골프에 관심을 갖고 행동한 흔적이 있어, 나를 모르는 사람들은 좀 특이하게 보아 주는 것 같다. 나를 잘 아는 사람들의 경우를 보면, 처음에는 자기가 하고 싶은 일을 한다고 부러워도 하고 격려도 해 주더니만, 요즘에 와서는 어떤 가시적인 성과가 보이지 않아서인지, 염려와 우려의 목소리로 바뀌어 가는 듯하다.

어쨌거나 내가 책을 받아 보고 처음 떠오른 생각은, 이 책을 쓰게 된 경위라 할까, 동기에 대해서 말해야겠다는 것이었다.

나이 40에 접어들어 처음 골프채를 잡았는데, 2년여 동안 레슨 한 번 안 받고, 변변히 책 한 권 읽지 않으면서 골프를 배웠다. 99년 선진 골프를 배우기 위해 호주로 건너가면서 무제한 라운딩과 연습, 매주 개최되는 프로암 대회, 유명 프로의 레슨 등을 통하여 본격적인 골프의 세계로 들어서게 되었다. 그 전의 골프는 진짜 골프가 아니란 생각이었으며, 이런 식으로 6개월 정도만 지나면 바로 싱글로 진입할 것 같은 희망과 기대감에 들뜬 적이 있었다.

그러나 많은 연습과 실전 라운딩에도 불구하고 나의 점수는 좀처럼 개선되지 않았다. 애당초 동네 연습장 수준의 골프로 그렇게 짧은 시간에 만족할 만한 성과를 기대하는 것 자체가 무리였으리라.

그 당시 나는 골프 스윙의 완성을 위하여 유명 프로로부터 꾸준히 레슨을 받는 한편, 내가 다니던 그리피스 대학교와 동네 도서관을 전전하면서 많은 골프 서적을 탐독하였다. 그런데 문제는 보는 책마다 주장하는 바가 조금씩 상이한 데다가 프로

들마저도 강조하는 부분이 조금씩 차이가 있어, 당시 기초가 부실했던 나의 스윙은 바람 속의 갈대처럼, 오늘은 이리로 내일은 저리로 갈피를 잡지 못하고 흔들리기 시작했다. 너무 메커니즘에 집착하다 보니, 쓸데 없이 이것저것 아는 것이 오히려 병이 된 경우였다. 스윙은 잡힐 듯 하면서도 잡히지 않는 신기루 같다는 생각뿐이었다.

이런 마음의 병과 함께 나를 괴롭힌 것은 등 부상이었는데, 40대 주3회 라운딩 금기사항을 무시하고 무리하게 연습한 것이 화근이었다. 이즈음 나는 많은 책을 읽고 있었는데, 그 중에서도 나를 가장 매료시킨 것은 골프 심리학 관련 서적이었다. 주로 심리학을 전공한 저자들이 현장에서 발생하는 여러 문제들을 재미있는 사례와 함께 설명하는 것을 보고 많은 흥미와 관심을 갖게 되었으며, 골프를 계속하는 한 내가 경쟁력을 가질 수 있는 분야라고 생각하게 되었다.

우리 40대는 사회생활을 해 오면서 매사에 의심을 두는 것이 습관화되는 경향이 있는데, 이런 나의 습성은 골프 심리학의 원리에 대한 호기심으로 작용하게 되었다. 대부분의 책들이 각종 사례를 재미있게 설명하면서도 그 뒤에 숨어 있는 기본적인 원리에 대해서는 언급하지 않아, 책을 읽으면서도 늘 궁금하게 생각되는 부분이 있었다. 예를 들면 스윙 전의 타깃을 주시하면 수행력이 향상된다는 사례를 소개하면서, 그렇게 하면 왜 수행력이 향상되는지에 대한 설명은 없는 식이다. 물론 이는 대중 독자가 쉽게 이해할 수 있도록 이론적인 면을 지양하였기 때문이었지만 의심이 많은 우리 40대에게는 그것이 궁금증의 대상이 되었던 것이다. 다른 사람에게 얘기할 때, 무조건 타깃을 주시하라고 하기보다는 왜 그래야 하는지에 대한 설득력 있는 설명이 필요할 것이라는 생각이 들었기 때문이다.

이런 원리에 대한 궁금증은 보다 체계적인 교육의 필요성—골프 심리학뿐만 아니라 체육에 대한 전반적인 지식을 폭넓게 습득해야겠다는 생각을 하게 해 주었다.

운이 좋게도 대학원 교육은 나의 기대에 바로 부응을 해 주었는데, 그것은 내가 당초 염두에 두었던 골프 심리학이 아닌 운동 역학으로부터 시작되었다.

운동 역학 수업을 통하여 내가 배운 것은, 스포츠 현장에서 일어나는 모든 운동 기술들이 우리가 중·고등학교 때 배운 물리법칙들로 간단히 설명될 수 있다는 놀라운 사실이었다. 그것은 바로 원리에 의한 운동기술의 이해였다. 나는 가벼운 흥분감마저 느꼈다.

당연한 귀결이지만, 다른 운동과 마찬가지로 골프도 원리를 적용하여 이해되고 설명되어질 수 있을 것이란 확신 때문이었다.

그 동안 요리조리 나를 회피해 갔던 골프 스윙도 원리를 찾아냄으로써, 내 앞에 선명하게 그 모습을 드러낼 것이라 생각했다. 나아가 원리를 알면 최소한 영문도 모르는 채 막연히 내키는 대로 스윙하지는 않을 것이며, 나름대로 원리라는 기준을 갖고 접근하게 되는 것이므로, 기술 습득에 많은 도움이 될 것이라 믿었다.

돌이켜 보면, 나의 스윙이 춤추듯 오락가락했던 것도 '어떻게(how)'에 치중한 골프 레슨 방식에 기인한 것이 아니었나 하는 생각이다. 레슨 현장을 보더라도, 이렇게 치시오, 저렇게 치시오 일변도의 교육방식이 주류를 이루고 있는 듯하며, 왜 (why) 그렇게 해야 하는지에 대한 설명은 부족한 것이 사실이다. 원리라는 확고한 기준이 있었다면 나의 스윙도 그처럼 방향 없이 흔들리지는 않았을 것이란 생각이다.

골프 스윙의 원리를 터득한 지금, 연습장에서 열심히 볼을 치는 사람들을 볼 때마다 안타까운 느낌이 많이 드는 것은, 몇 가지의 기본 스윙 원리만 알고 있어도 지금보다는 훨씬 잘 칠 수 있을 것이란 생각이 들기 때문이다.

골프를 배우되, 어떻게 치는가를 알면서 동시에 왜 그렇게 해야 하는지에 대한 원리를 익힌다면, 그저 막연히 시키는 대로 하는 것에 비해 스윙에 대한 확신은 물론 스윙의 오류를 스스로 판단할 수 있으므로, 골프 학습이 훨씬 용이해질 것이다. 더구나 이러한 원리들은 간단한 물리법칙으로서 쉽게 이해할 수 있으므로, 스윙에 대한 막연한 이해를 갖고 고생하는 많은 골프 동호인에게 정확한 스윙의 원리를 알려주고 싶었다.

이 책을 통하여 그것을 실현하게 되었으며, 이것이 가장 나를 기쁘게 해 주는 부분이다.

골프에는 원칙이 없다고 한다. 유명 프로들의 각양각색의 스윙을 보더라도 그렇고, 골프를 가르치는 사람들도 자신의 주관적인 느낌과 경험에 의하여 골프 스윙을 설명하는 경향이 있기 때문이다. 그러나 골프 스윙에 적용되는 원리는 하나뿐임을 알아야 한다. 그것은 자연법칙이기도 하다. 이 책은 골프 스윙의 원리를 인체의 특수성과 자연법칙을 적용하여 체계적으로 설명하고자 하였는 바, 주요 내용을 일별하면 다음과 같다.

1장은 골프라는 운동기술을 배움에 있어 왜 원리를 알아야 하는가에 대한 설명 부분이다.

　2장과 3장은 이 책의 핵심 부분으로서, 골프 스윙의 원리를 이론적으로 분석, 설명하였다.

　골프 스윙의 원리라고 하면 언뜻 알 것 같으면서도 선뜻 대답하기 어려운데, 각종 일간지나 잡지의 컬럼에서조차 스윙의 원리를 취급하거나, 정확히 이해하고 있는 경우를 찾아보기 힘들었다. 이는 그만큼 우리가 스윙의 원리를 정확히 알지 못하면서 골프를 배워 왔다는 것을 반증하는 것이기도 하다. 혹자는 이 책이 그 동안 우리 주변에 있는 다른 책과 마찬가지로 골프 스윙에 대한 방법서 정도로 생각할지 모르겠으나, 이 책은 원리를 다루고 있다는 점에서 기존의 일반적인 방법서와는 차원을 달리한다. 골프 선진국인 미국에서도 골프 스윙의 원리에 대하여 이처럼 포괄적이고 체계적으로 설명되어 있는 책은 없다는 점에서 이 책의 존재 가치가 있으며, 나로서도 자부심을 갖고 있는 부분이기도 하다.

　이 부분은 골프 스윙의 원리에 대한 총론 부분이라 할 수 있으며, 4장부터 9장까지는 스윙 원리에 대한 각론 부분으로서, 각종 물리법칙과 인체의 특수성이 골프 스윙에 어떻게 적용되고 있는가를 관련사례와 함께 설명하였다.

　특히 지면반력, 균형, 원심력, 축이론, 회전운동 이론 등 운동기술을 배우는 데 있어 반드시 필요한 부분이면서도 골프에 있어 소홀히 다루어졌던 기본 이론에 대하여 자세히 살펴보았는 바, 그 동안 알지 못했던 스윙 이론에 대하여 많은 이해와 도움이 될 것으로 생각한다.

　10장부터 13장까지는 골퍼로서 최소한 숙지하고 있어야 할 볼의 비행 법칙, 볼 역학, 퍼팅 역학 및 벙커 샷 역학에 대한 기본 원리에 대한 내용들이다.

　그리고 이 책은 잭 니클라우스 골프 센터 & 아카데미와 나를 연결시켜 주는 고리 역할을 하였는데, 그것은 원리에 입각한 골프 교육과 부합하였기 때문이었다. 잭 니클라우스 골프 센터 & 아카데미에서는 원리-특히 스윙 원리뿐 아니라 학습 심리학에 바탕을 둔 골프 레슨을 실시하고 있었다.

　그것은 분명 기존의 레슨과는 차원이 다른 교육방법이었다. 역시 골프 스윙도 다른 스포츠와 마찬가지로 역학 원리와 학습 심리학 원리에 의해 배우고 가르쳐야 한다는 사실을 다시 확인할 수 있었다.

이 책은 스윙의 원리를 본격적으로 다루고 있으나, 나는 이를 전문 서적이라고 생각하지 않는다. 나 자신이 아직 배울 것이 많다고 생각하기 때문이다. 그럼에도 불구하고 책을 내게 된 것은, 내가 골프를 배우면서 암중 모색했던 때를 생각하여, 이 정도의 원리는 골프를 배우고 가르치는 데 있어 반드시 필요할 것이라고 생각하며, 이를 골프를 좋아하는 사람들과 함께 나누고 싶은 마음에서이다. 이 책은 원리를 다루고 있는 관계상 용어라든가 내용 면에서 다소 생소한 감은 있겠으나, 실제 알고 보면 그다지 어려운 내용은 없다고 생각하며, 이를 잘 활용하면 현재의 골프 수준을 서너 단계 끌어올릴 수 있는 바탕을 제공할 것으로 확신한다.

이 책의 출간을 위하여 물심양면으로 도움을 주신 잭 니클라우스 골프 센터 & 아카데미의 김영 사장님, 이경호 부사장님과 빌리 마틴(미국 PGA), 찰스 해케트 (미국 PGA 마스터 프로), 김해천(미국 PGA), 웬디 로퍼(미국 PGA), 안형근 (KPGA), 이신(호주 PGA), 이영승, 배일성 프로와 기꺼이 사진 촬영의 모델이 되어 준 고재억 프로에게 감사드린다.
그리고 전원문화사의 김철영 사장님, 이희정 실장님, 이 책을 높이 평가하여 주시고 추천해 주신 한림출판사 임성원 회장님, 가족과 친지들에게도 진정으로 감사의 마음을 전하고 싶다.

저자 김 성 수

# CONTENTS
## 차 례

# CONTENTS
## 차 례

# 1

# 골프 역학이란?

# ① 골프 역학이란?

## 1. 골프 관련 기본 지식

골프에는 원칙이 없다고 한다. 수많은 골퍼들이 제각기 독특한 스윙 형태를 갖고 있음은 이를 대변해 준다. 그리고 미스 샷이 나왔을 때, 그 원인은 365가지나 된다는 설이 있고, 그 이상이라는 말도 있다. 이러한 무원칙과 갖가지 변명거리는 '골프의 묘미'라든가 '불가사의한 골프'라는 미명으로 우리네 주말 골퍼들을 잠시 위로해 주지만, 그 이면적 내용은 골퍼들의 좌절감이나 무기력함의 다름 아니다. 이러한 무원칙과 변명 속에서 맴돌고 있다는 것은, 한 마디로 골프에 관련된 기본 지식을 이해하고 있지 못하기 때문이라고 생각한다.

골프를 잘 치기 위해서는 그다지 많지도 않고 어렵지도 않은 몇 가지 기본 지식이 필요하다. 첫째는 우리의 뇌(brain)에 대한 이해이다. 우리 인간의 모든 동작은 뇌에서 비롯되기 때문에 골프를 잘 치기 위해서는 뇌의 역할과 특성에 대한 간단한 이해가 있어야 한다. 뇌의 역할과 함께 불안감이나 주의 집중과 같이 골프 경기 중 수행에 미치는 영향 등은 골프 심리학(psychology)에서 다루어지는 문제들이다.

둘째는 골프 스윙 중 인체와 클럽 및 볼의 움직임에 적용되는 물리법칙 – 중력, 공기 저항, 마찰력, 뉴턴의 운동법칙 등 – 이다. 지금까지 골프를 배우고 가르치면서 이러한 물리법칙에 대해서 들어 본 적이 많지 않을 것이나, 이들 자연법칙은 골프 스윙에서 실로 중요한 역할을 담당하고 있으며, 이것만 잘 이해해도 현재의 골프 수준을 몇 단계 끌어올릴 수가 있는 것이다.

이렇게 인간에게 영향을 미치는 여러 가지 자연의 힘뿐만 아니라 인간에 의해 생성된 힘의 원리와 효과에 대하여는 운동 역학(mechanics of sports)에서 다루어지고 있다.

한편 인체는 물리학이 전제로 하는 쇠막대기나 나무 조각 같은 강체(rigid body)가 아니고 항상 살아 움직이는 존재이기 때문에 물리학의 여러 법칙을 적용함에 있어 많은 제약과 한계가 있다. 이러한 제한과 한계를 가진 인체의 특수성에 물리법칙을 적용하여 가장 효율적인 동작을 산출해 내고자 하는 것이 바로 바이오미케닉스(biomechenics)이다. 기본적으로 인간의 움직임(human movement)을 연구하는 분야이다. 어깨, 무릎, 손목 등 인체의 특수한 동작 원리와 나아가 인체가 움직이는 기본적인 특성은 골프에도 그대로 적용되므로, 이들의 특성을 잘 이해하고 있으면 골프를 잘 칠 수 있게 되는 것이다.

이 책은 우리 인체의 움직임 특성이나 이에 적용되는 간단한 물리법칙에 관하여 알기 쉽게 서술된 바, 이러한 기본 원리들은 골프를 배우고 향상시키는 데 필수적인 사항이다.


## 2. 운동 역학적 원리가 필요한 이유

우리는 TV나 현장에서 스포츠 경기를 보노라면, 선수들의 동작이 보통 사람과는 다른 면을 어렵지 않게 발견할 수 있으며, 그들의 동작이 종목에 따라서 매우 유사한 점을 알 수 있다. 선수들의 동작이 보통 사람과 다르다고 하는 것은 보통 사람들이 운동 역학적 원리를 알지 못하거나 충분히 활용을 못 한다는 의미이며, 선수들의 동작이 유사성을 보여 주는 것은 그들이 모두 운동 역학적 원리를 활용하고 있다는 얘기가 되는 것이다.

100m 단거리 선수들의 공기의 저항을 최소화하기 위한 손동작, 빠른 볼을 던지기 위해 와인드업을 크게 하는 투구동작, 창을 멀리 던지기 위해 선수가 상체를 뒤로 젖히는 동작 등 스포츠 현장에서 이루어지는 모든 동작은 운동 역학적 원리에 의해 수행되고 있는 것이다.

골프 선수 중에서도 이안 우스남, 김미현, 앨리슨 니콜라스같이 작은 선수들이 체격이 상대적으로 큰 선수보다 장타를 날릴 수 있는 것은 이들이 특별히 강한 힘을 갖고 있다기보다는 운동 역학적 원리를 잘 활용하기 때문인 것이다

쇼트 게임에 있어서도 프로 선수와 아마추어 선수간에 결과는 같다 하더라도 스윙 동작은 차이가 있는데, 여기에도 역학적 원리가 작용하고 있음을 알아야 한다. 프로선수들의 정확성과 일관성은 바로 원리에 따른 스윙에 있는 것이다.

이러한 운동 역학적 원리를 이해하게 되면 골프 기술을 배움에 있어서 두 가지의

중요한 이점이 있다.

　첫째는 배우는 사람이 자신들의 동작을 스스로 분석할 수 있으므로 골프 기술을 쉽게 터득할 수 있으며, 원리에 따라 자신의 신체적 특성에 맞는 기술을 적절하게 개발할 수가 있다. 둘째는 에러가 발생했을 때, 이를 쉽게 교정할 수 있다는 것이다.

　주말 골퍼들이 잘 치다가도 한 번 슬럼프에 빠져들면 한동안 고생을 하는 경우를 종종 볼 수가 있는데, 이는 골프의 원리를 잘 이해하고 있지 못하기 때문이다. 원리에 근거하지 않은 가르침과 배움은 골퍼들에게 혼란만 가중시킬 뿐이다.

　물론 원리를 잘 안다고 해서 당장 골프를 잘 칠 수 있는 것은 아니지만, 원리 없는 골프는 사상누각이다. 잘 지어지지도 않지만, 고생해서 지어도 언제 무너질지 모른다. 일단 원리를 알게 되면 이리저리 방황할 필요 없이 정해진 원리에 따라 연습만 하면 될 것이다.

## 3. 골프 역학의 의의

　흔히 특수한 기술을 수행할 수 있는 과거나 현재의 능력이 있다는 사실이나 경기 경험 특히 우승경험으로 인하여 다른 사람을 지도하는 경우가 종종 있는데, 이들이 운동 역학적 이해가 불충분한 경우, 자기의 스타일을 모방하도록 요구하는 사례가 많이 있다. 배우는 사람의 개인적인 특성을 고려하지 아니하고 자신의 스타일을 고집하는 경우, 배우는 사람의 입장에서는 오히려 해가 될 수도 있다.

　운동기술을 배우는 입장에서는 특정 동작이나 스타일을 그대로 답습해서는 안 되며, 사전에 운동기술에 관련된 운동 역학적 지식을 이해한 후 이를 개인의 특수한 인체적 특성에 맞도록 적용시키는 과정이 필요하다.

　더욱이 골프는 각양각색의 스타일이 존재하고, 주로 가르치는 사람의 경험과 감각에 의존하는 정도가 높기 때문에 이에 적용되는 원리를 정확히 파악할 필요가 있다. 원리는 하나뿐이기 때문이다. 먼저 원리에 대한 운동 역학적 이해가 선행되어야 하며, 그 다음에 개개인의 인체의 특수성을 고려하여 이를 실현하는 방법을 찾아야 할 것이다.

서두에서 잠깐 언급하였듯이 운동 역학적 원리는 아주 복잡하여 이해하기 어려운 것이 아니고 오히려 우리 일상생활의 주변에 존재하고 있으면서 늘 우리의 행동 속에 자리잡고 있는 것이다. 이 책은 우리 주변에 있는 운동 역학적 원리를 찾아내어 이를 골프에 적용시키고자 하는 것이다.

골프의 구성(球聖)으로 알려진 바비 존스는 말하기를, 골프는 귀 사이(between the ears)로 치는 것이라 하였다. 귀 사이란 바로 뇌를 말하는 것이 아닌가? 이는 골프를 잘 치기 위해서는 '생각하는 골프'가 되어야 함을 적시하고 있다.

그러나 생각하기 위해서는 뭔가 기댈 수 있는 근거가 있어야 할 것인 바, 골프 역학 원리가 바로 생각할 수 있는 바탕이 될 것이다. 골프 스윙의 원리를 이해하고 있다면 골프를 잘 칠 수 있는 바탕이 마련되어 있는 것이다.

예로부터 노력하는 사람은 못 당한다는 말이 있다. 이왕 시작한 골프, 하루하루 발전되어 갈 수 있다면 얼마나 좋을까? 이 책은 스스로 생각하고 연구할 수 있는 바탕을 제공하고 있으므로, 독자 여러분이 하고자만 한다면 많은 도움이 될 것으로 믿는다.

# 2

# 스윙의 본질

## Golf 2 스윙의 본질

### 1. 골프는 정말 어려운 운동인가?

　최근 우리 나라의 골프는 해가 갈수록 저변이 확대되고 있으며, 신문이나 방송 등의 언론에서도 점차 비중 있는 스포츠로 취급하고 있어 대중 스포츠로의 가능성을 점점 높여 가고 있다. 신문, 전문지, 방송 등에서는 골프 레슨이 연중무휴로 진행되고 있어 어느 때보다도 골프를 배울 수 있는 많은 기회가 주어지고 있다.

　이러한 대중화와 정보의 홍수 속에서 아쉽게 느끼는 점이 있다면, 첫째, 골프 스윙을 아주 특별한 스포츠로 취급하거나 또는 그렇게 인식하고 있다는 것이다. 골프 스윙 동작을 기존의 스포츠와는 전혀 다른 유형의 동작으로 표현하는 경우도 적지 않은 것 같다. 둘째, 많은 내용들이 스윙의 겉모습만 보여 주고 있다는 것이다. 배우는 사람에게는 정말로 골프 스윙의 속모습, 즉 원리를 알려줄 필요가 있다고 생각한다. 우리가 사람을 겉모습만 보고 판단하는 경우에는 그 사람의 진실된 모습을 보지 못하는 것과 같다고나 할까. 골프에 관한 한, 우리는 지금까지 겉모습만 보아 온 것 같은 생각이다. 이렇게 외형적인 모습에 치중된 레슨으로부터 우리는 실제로 많은 그릇된 이미지를 갖게 되는 것이다.

　이러한 현상은 우리 나라만의 현상은 아니고 나름대로 역사적인 배경을 갖고 있다. 원래 골프의 본고장인 스코틀랜드에서 골프가 처음 시작되었을 때에는 스윙이 아주 자연스런 동작이었을 것이다. 그러다가 골프가 미국으로 전해지면서, 스포츠를 좋아하는 미국인들 사이에 빠른 속도로 전파되어 갔다. 골프 인구가 급속도로 늘어남에 따라 소위 골프를 업으로 하는 사람도 비례하여 증가하였는데, 특히 골프 레슨도 수요가 늘기 시작하여 하나의 비즈니스로서의 경제적 규모가 형성되었으며, 여기에 경쟁의 원리가 개입되기 시작했다.

　즉, 많은 교습가들은 각자 자신을 알리기 위하여 골프 이론도 만들어내고, 골프 동작을 분석하여 소개하는 등 다른 교습가와의 차별화를 추진하게 된다. 예를 들면 골프 동작을 여러 단계의 동작으로 나누어 기술한다든지 각 단계별로 세세한 동작까지 일일이 설명하기도 하였는데, 결과적으로 이러한 교습가들의 노력은 본의 아니게 골프를 점점 더 어려운 운동으로 만들고 있었던 것이다.

미국의 통계에서도 알 수 있듯이, 각종 장비의 개발, 볼의 성능 개선, 수많은 레슨 기회에도 불구하고 10년 전이나 지금이나 평균 핸디캡의 변화가 없다고 하니 참으로 골프는 흥미 있는 운동임에 틀림이 없는 것 같다.

이처럼 어려운 골프를 보다 쉽게 배울 수 있는 방법은 없는 것일까? 아니, 골프는 그리 어렵고 복잡하지 않다. 교습가들의 화려한 테크닉이 골프 스윙을 다른 운동과 구별되는 특별한 운동으로 만들어 왔던 것이다.

본 장에서는 골프 스윙이 특별한 동작이 아니며, 기본적인 인체의 움직임에 관한 한 다른 스포츠와 다르지 않음을 밝히고, 이런 과정을 통하여 스윙의 본질을 알아보고자 한다.

## 2. 골프 스윙은 인간의 기본 동작

앞서도 언급했듯이 골프 스윙 동작은 우리의 기본 동작의 연장이라고 하였는데, 과연 그러할까? 아직도 골프 스윙을 어려운 것으로 느끼는 분들에게는 이해가 잘

Photo ❷-1

안 되는 부분일지 모르겠으나, 그것은 엄연한 사실이며 우리 주변의 일상 동작에서 부터 그 단서를 찾아보기로 한다.

우선 스윙의 본질을 찾아 떠나기 전에, 잠시 읽던 책을 덮고 간단한 동작을 해 보기 바란다. 이것은 '물수제비 뜨기(skipping a stone)'라 하여, 우리가 어렸을 때 냇가에 돌을 던져 수면 위로 돌이 여러 번 튀게 하는 동작이다. 그림에서와 같이 돌을 뒤로 이동시키는 백스윙 동작이 진행되는 동안, 우리의 왼발은 이미 앞으로 움직이는 것을 금방 감지할 수 있을 것이다. 그리고 백스윙의 완료 시점에서 고개를 뒤로 돌려 접혀진 오른팔과 손의 모습을 보자. 골프 스윙의 백스윙과 똑같음을 알게 될 것이다.

당연히 이는 우연이 아니다. 이 동작은 인간의 기본 동작 분류에서 소위 던지기 동작 유형에 속한다. 상세 분류에서도 언더암 던지기류에 해당되어, 본질에 있어 골프 스윙과 동일한 동작이기 때문이다. 스윙의 이미지를 형성함에 있어 이 동작의 연습만큼 효과적인 방법은 없다고 생각한다. 특히 이 동작은 클럽을 휘둘러야 한다는 부담이 없으므로, 방안이나 사무실 같은 조그마한 공간만 주어지면, 틈나는 대로 '물수제비 뜨기'를 연습하여 스윙의 감각을 익히도록 하자.
그리고 골프 스윙 원리와 유사한 사례를 몇 가지 살펴보기로 하자.

여러 명의 아이들이 손을 잡고 뛰어가다가 맨 앞에 있는 소년이 갑자기 멈추면 어떻게 될까? 그림과 같이 순차적으로 밀착하게 되는데, 맨 뒤에 있는 소녀는 아주 빠른 속도로 당겨지게 될 것이다. 골프 스윙에 있어 각각의 인체 분절은 다리-히프-

Illust ❷-1                    Illust ❷-2

몸통-어깨-팔의 순으로 움직이고 순차적으로 멈추게 되는데, 그림에서 맨 앞에 있는 소년(다리)부터 순차적으로 멈추게 되며, 마지막에 있는 소녀(클럽헤드)는 매우 빠른 속도로 앞 소년에 의해 당겨진다.

이해를 돕기 위하여 운동량(모멘텀, momentum) 개념을 사용하여 설명하면, 6명의 아이들의 몸무게는 동일하게 50kg이라 하고, 초속 2m를 달린다고 하면, 전체 운동량은 '50kg×6명×2m/초=600kg/m/초'가 된다. 이 중 5명의 아이들이 순차적으로 정지했다고 하면, 맨 뒤에 있는 아이(클럽헤드)만 움직이고 있을 것이다. 그런데 운동량 보존의 법칙에 의하여 전체 운동량은 동일하므로, '600kg/m/초=50kg×1명×12m/초'가 된다. 즉 마지막 아이의 움직이는 속도는 전체 아이들이 움직일 때보다 6배가 빠른 12m/초가 되어 매우 빠르게 움직인다.

어시장에 가면 살아서 펄펄 뛰는 물고기를 어렵지 않게 볼 수 있는데, 상점 주인이 한 마리를 들어서 도마 위에 놓으면 물고기는 잠시 가만히 있다가 몸통이 꿈틀하면서 이내 꼬리는 매우 빠르고 강한 힘으로 도마를 치는 모습을 본 적이 있을 것이다. 어항 속에 있는 금붕어도 얼핏 보기에는 꼬리지느러미의 힘에 의하여 유유히 헤엄치는 것 같으나, 실제는 몸통의 움직임에 의해 꼬리가 움직이는 것이다. 물고기의 가운데 몸통은 꼬리에 비해 질량이 훨씬 크므로, 몸통은 조금만 움직여도 꼬리는 빠르고 크게 움직인다(Illust 2-2).

아래 피겨 스케이터들의 동작은 골프 스윙의 개념을 이미지화할 수 있는 연출 장

Illust ❷-3

면이다. 두 선수가 정면을 향하여 일직선으로 다가오다가 남자선수가 갑자기 멈추면서 왼쪽으로 방향을 트는 장면이다. 여자선수는 관성에 의하여 앞으로 나아가려고 하나, 남자선수가 구심력을 발휘하여 여자선수를 안쪽으로 당겨 주면 여자선수는 그림과 같이 큰 원을 그리면서 빠른 속도로 회전하게 될 것이다. 이는 골프 스윙에서 다운스윙의 직선운동이 회전운동으로 바뀌면서 매우 빠르게 움직이는 원리와 같다.

## 3. 도리깨와 채찍질 동작의 원리

스윙의 본질을 자세히 들여다보면, 두 가지의 중요한 원리를 발견하게 된다. 하나는 스윙 전체를 지배하는 인체의 동작 원리이며, 다른 하나는 전체 원리하에서 작용하되, 팔과 클럽과의 관계에서 이루어지는 특수한 원리이다. 동작이 이루어지는 형태 면에서 도리깨 동작은 후자에 가깝고, 채찍질 동작은 전자와 유사한 것으로 생각되어, 아래와 같이 나누어 설명하고자 한다.

### 1) 도리깨 동작의 원리

골프라는 운동이 처음 시작되었을 때는 골프클럽이라는 특별한 모양의 용구를 사용한다는 점에 초점이 맞추어져 클럽, 팔 그리고 어깨의 동작이 주요 관찰 대상이었을 것이다. 이러한 동작의 특징은 일상 생활의 현장에서 쉽게 접할 수 있는 도구를 자연히 골프와 비유하게 되었는데, 이것이 바로 도리깨(flail)였다. 그래서 서양에서는 예전부터 '골프 스윙은 도리깨 동작과 같다.'고 생각해 왔다.

도리깨는 곡식의 껍질을 낱알과 분리시키기 위하여 조상들이 고안해 낸 지혜의 산물이라고 볼 수 있는데, 그림에서 보는 바와 같이 두 개의 막대 사이를 가죽끈으로 연결시킨 모양으로, 손으로 잡고 있는 앞 막대 부분을 곡식을 향하여 내리치면 손과 앞 막대 부분은 몸 앞에서 멈추는 한편, 이때까지 몸의 뒤에 머물러 있던 뒷막대 부분이 매우 빠른 속도로 달려와서 곡식에 강한 힘을 작용시키게 된다.

이 동작을 골프 스윙과 유사하다고 보았다면 앞 막대는 팔이요, 뒷막대는 골프클럽이 될 것이다. 여기에서 중요한 사실은 가죽끈으로 연결된 부분이 바로 인체의 손목에 해당한다는 것이다. 그리고 이소룡이 악당을 처치할 때 사용했던 쌍절곤도 이와 동일한 원리에 의해서 고안된 도구이다.

Illust ②-4

이와 비슷한 예로서 낚싯대가 있다. 낚싯대를 던지는 과정을 잠시 살펴보면, 먼저 낚싯대를 낚싯줄과 함께 몸의 뒤쪽 방향으로 옮겨놓는다(백스윙 또는 와인드업에 해당함). 낚싯대의 핸들을 앞으로 당기면 낚싯대는 몸 앞에서 멈추고, 뒤에 있던 낚싯줄은 매우 빠른 속도로 앞으로 당겨져 멀리 날아간다.

Illust ②-5

## 2) 채찍질 동작의 원리

채찍의 경우에도 기본적인 원리는 도리깨나 낚싯대의 경우와 동일하지만, 동작이 이루어지는 형태 면에서 다운스윙 시 인체의 움직이는 모습을 설명하는 데 보다 적절한 것으로 보인다.

우리는 임팩트 시 클럽헤드의 속도가 아마추어의 경우 시속 100km 내외, 프로의 경우 시속 150km가 넘는다는 사실을 알고는 있으나, 이것이 어떻게 가능한지 평소에도 매우 궁금하게 생각하는 부분이며, 거리를 내기 위해서는 클럽헤드의 속도를 늘려야 한다는 사실을 알고는 있으나 어떠한 방법으로 접근해야 할지 모르는 경우가 많이 있는 것으로 생각된다.

이 부분도 원리를 이해함으로써, 해결방법을 모색할 수 있을 것으로 생각하여 채찍의 원리를 운동 역학적으로 설명하고자 한다. 이 부분은 다소 이론적이나 골프 스윙의 원리와 직접 연결되는 부분으로서 골프 스윙을 이해하는 데 많은 도움이 될 것으로 생각한다(이 부분에 관련된 기본적인 물리 공식은 다음에 소개된 내용을 참고하기 바람).

다음에 설명되는 부분은 미국의 물리학자인 디어도어 요르겐슨(Theodore Jorgensen)의 저서인 《골프 물리학(The Physics of Golf)》의 일부 내용을 인용하여 소개하는 것이다.

채찍(bullwhip)은 미국 서부 개척시대에 카우보이들이 소를 모는 데 사용한 것인데, 채찍을 휘두를 때 엄청난 굉음이 나도록 만들어졌다. 채찍의 끝 부분이 소리의 속도(초속 340m)보다 빠른 경우 그러한 소리가 난다고 하는데, 이는 초음속 제트기가 하늘을 날 때 내는 소리와 같은 원리이다. 채찍의 속도가 어떻게 소리속도보다 빠를 수 있을까?

우선 그림과 같이 채찍을 바닥에 놓되 몸의 뒤쪽에 일직선이 되도록 하고, 채찍의 끝 부분은 몸으로부터 가장 먼 곳에 둔다. 그 다음 언더핸드 드로 동작으로 팔을 몸의 앞쪽으로 스윙하게 되면 채찍의 핸들이 먼저 움직이면서 채찍의 끝 부분이 매우 빠른 속도로 달려온다.

이 움직임이 일어나는 순서를 살펴보자. 채찍의 스윙이 끝나는 시점에서 먼저 손이 정지하게 되고, 이어서 채찍의 손잡이 부분이 멈추게 되지만, 나머지 부분들은 원래의 방향으로 움직임을 계속하면서 순차적으로 멈추게 된다. 여기에서 손잡이와

a는 다리와 히프를, b와 c는 몸통과 어깨를, d와 e는 팔과 헤드라고 생각하면 골프 스윙에서 인체가 움직이는 모습과 같게 된다.

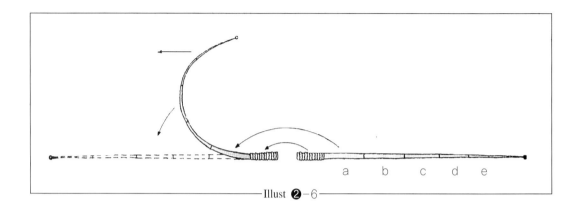

— Illust ❷-6 —

여기에 운동 역학 원리가 적용되는 과정을 설명해 보기로 한다.

우리의 손이 채찍 손잡이를 앞으로 당기면 채찍에 운동량이 발생하게 되는데, 일정 시간 동안 계속하여 채찍 손잡이에 힘을 작용시킴으로써 운동량을 증가시키게 된다. 채찍 손잡이를 움직이게 하는 이 힘은, 손잡이에 힘을 가하게 되어 채찍에 운동에너지를 공급하게 된다. 손이 몸의 앞에서 멈추게 되면, 이번에는 채찍이 손에 힘을 가하게 되면서 운동량이 감소하는데, 손은 이에 의하여 움직이지 않고 계속 정지해 있다. 운동에너지란 물체를 움직이게 하는 능력을 말하는데, 채찍이 손에 힘을 작용시켰으나 손은 움직이지 않았으므로 운동에너지는 그대로 보존되어 있다 (운동에너지 보존의 법칙).

이 운동에너지는 a부분을 몸 앞으로 움직이게 하며, 그 다음 a부분이 손 앞쪽에서 정지하면서 보존된 운동에너지는 b부분을 움직이게 하는데, b부분의 질량이 a부분보다 작으므로 b부분은 훨씬 빠른 속도로 움직인다. c부분은 b보다 더 빠른 속도로 이동하게 될 것이다. 이러한 부분들의 순차적인 멈춤과 가속이 반복되면서 채찍의 끝 부분은 최대한 가속되는 것이다.

그러면 이러한 일련의 움직임을 통하여 얼마나 가속될 수 있는지, 수와 식을 통하여 알아보기로 하자. 여기의 숫자는 설명의 편의를 위하여 임의로 정하기로 한다. 물리학적으로 보면 채찍에 가해진 힘은 작은 입자에서 입자로 전해지겠으나, 편의

상 채찍을 그림과 같이 5등분하고 각 부분의 질량은 직전 질량의 1/4이라고 가정한다(채찍은 소위 테이퍼(taper)식으로 만들어져, 뒤로 갈수록 지름이 작아지는 원통 모양이다). 위에서 설명한 바와 같이 a와 b의 운동에너지는 동일하게 유지되므로,

$$운동에너지(kinetic\ energy) = \frac{1}{2}mv_a^2 = \frac{1}{2} \cdot \frac{m}{4} \cdot v_b^2$$

$v_b = 2v_a$가 된다. 즉 b부분의 속도는 a부분의 속도의 2배가 된다. 이런 식으로 계산하면 끝 부분의 속도는 처음 속도의 2의 5승 = 32배가 되므로, 처음 손의 속도를 15m/s라 하면 최종속도는 15m/s×32 = 480m/s가 된다. 가볍게 음속을 넘어서지 않는가? 이러한 채찍의 움직임이 과연 골프 스윙의 원리라고 생각하시는지?

## 4. 던지기 동작의 기본 특성

이제까지 우리는 골프 스윙의 본질을 찾아내고자, 우리의 일상생활에서 몇 가지 예를 들어 보았다. 이러한 과정을 경유해 오면서, 독자들도 골프 스윙의 원리에 대해 어느 정도 감을 잡았을 것으로 생각된다. 여기에서는 골프 스윙 동작의 상위분류인 던지기 동작에 대해 알아보기로 한다.

### 1) 스포츠 기본 동작

앞서 언급한 바, 골프 스윙은 인간의 기본 동작 중의 하나에 불과하다고 하였는데, 인간의 기본 동작에는 어떠한 것이 있는지 알아보기로 한다.

인간의 동작 유형은 실로 다양하다. 걷기, 밥먹기, 운전하기, 컴퓨터 자판 치기, 고스톱 치기, 계단 오르기 등등 이루 헤아릴 수가 없을 것이다. 이 책에서의 기본 동작(basic human movement)이란, 이렇게 다양한 인간의 동작들을 스포츠 측면에서 비슷한 특성을 가진 동작들을 유형화한 것을 의미한다.

이를 열거해 보면 들어올리기(lift), 걷기(walk), 달리기(run), 점프(jump), 던

지기(throw), 밀기(push), 치기(strike), 당기기(pull), 수영(swim) 등이 있다. 이들 중 우리에게 친숙한 차기(kick) 동작이 안 보이는데, 우리의 예상을 뒤엎게도 그것은 던지기 동작 유형으로 분류되어 있다. 그리고 우리의 주된 관심사인 골프 스윙도 던지기 동작에 속하는 바, 던지기 동작에 대해서 자세히 알아보기로 한다.

## 2) 던지기 동작 유형

던지기 동작은 우리가 늘상 하는 동작으로서 개념에 대해서는 별도의 설명이 필요치 않을 것으로 생각되며, 아래와 같이 던지기 동작의 종류를 음미해 보는 것으로 대신하고자 한다.

| | |
|---|---|
| **언더암 유형**<br>(underarm patterns) | 야구 투구(김병현 스타일), 소프트볼 투구, 볼링볼 던지기,<br>필드하키 패스 동작, 배드민턴 언더서브 동작, 골프 스윙 |
| **사이드암 유형**<br>(sidearm patterns) | 야구 내야수 송구, 원반 던지기, 해머 던지기, 야구 배팅, 스쿼시 샷 |
| **오버암 유형**<br>(overarm patterns) | 야구 투구, 투포환 던지기, 배구 서브, 창 던지기, 배구 스파이크,<br>테니스 서브, 배드민턴 스매시 |
| **차기 유형**<br>(kicking patterns) | 풋볼 펀트 킥, 축구 놓고 차기(place kick) |

## 3) 던지기 동작의 특징

골프 스윙은 기본적으로 던지기 동작에 속한다고 하였다. 그러므로 우리가 골프 스윙을 배운다고 하는 것은 던지기 동작을 배운다고도 할 수 있다. 그러나 보통은 창 던지기나 야구 피칭과 골프 스윙을 같은 것이라고 생각하지는 않을 것이다. 즉, 각기 다른 운동으로 생각되는 이들 던지기 종목들은 기본 동작 원리는 같되 세부적인 특징은 서로 다르다고 말할 수 있을 것이다.

가령 같은 포유류지만 고양이, 개 등으로 분류하는 것은 눈이 있고, 몸에 털이 난다는 점에서는 같으나 세부적인 특징이 다르기 때문이다. 우리 뇌는 사물을 이런 식으로 위계적(位階的, hierachically)으로 분류하고 있기 때문에, 처음 보는 동물이라 하여도 그것의 일반적인 특징을 통하여 종류를 알아내는 데 수고를 덜 수 있다고 한다.

그러므로 골프 스윙을 배우기 위해서는 던지기 동작의 기본 원리를 먼저 배운 다음, 다른 던지기 동작과 구별되는 골프 스윙의 세부적인 특징을 습득하는 것이 순서라고 생각한다. 골프 스윙과 던지기 동작이 다르다고 생각하는 한 던지기 동작의 기본 원리를 이용할 수 없으며, 골프 스윙이란 전혀 다른 운동기술을 처음부터 만들어 가야 하는 어려움을 겪어야 할 것이다.

골프 스윙의 기본 원리이기도 한, 던지기 동작의 원리를 알아보기로 하자.

## Ⓐ 인체 분절의 순차적 연쇄 반응(chain reaction of sequential segmental movement)

던지기 동작의 목적은, 물체를 가급적 멀리 투사시키거나 물체를 정해진 장소에 정확하게 보내는 데 있다. 그러므로 던지기 동작에서는 투사시점에서 물체가 접촉하게 되는 신체 부위(손 또는 발)나 사용되는 도구(야구 배트, 골프클럽, 라켓 등)의 속도가 가장 중요한 변인이 된다. 즉, 던지기 동작의 키포인트는 인체의 말단 부위를 최대한 가속시키는 데 있는 것이다.

커다란 바위를 민다고 생각해 보자. 이러한 밀기 동작에서는 인체 말단 부위인 손이나 발의 최대가속보다는 순간적으로 큰 힘을 얻는 것이 중요한 목적이다.

인체 말단 부위를 최대한 가속시키기 위해서는 여러 개의 인체 분절이 동원되어야 하고, 이들 분절들은 조합(combination of body segment)을 이루어 반드시 순서에 따라 움직여야 한다.

다시 강조하면, 던지기 동작에서는 관련된 인체 분절들이 순차적으로 움직이지 않으면 안 되게 되어 있다. 각 인체 분절들이 순차적으로, 연쇄적으로 움직임으로써 소기의 목적 ─ 인체 말단 부위의 최대 속력 ─ 을 달성하게 되는 동작이다. 만약에 인체 분절들이 순서에 따라 진행되지 않으면 기대하는 목적을 달성할 수 없게 된다.

그리고 이러한 신체 분절들은 먼저 질량이 큰 분절(큰 근육)이 움직이고, 순차적으로 질량이 작은 분절(작은 근육)로 옮겨가는 구조로 되어 있다. 그 이유는 채찍질 동작의 원리에서 본 바와 같다. 이를 간단하게 표현하면, 인체 말단 부위인 손이나 클럽헤드의 최대속도는 질량이 큰 다리, 히프, 몸통으로부터 상대적으로 질량이 작은 어깨, 팔, 손의 순서에 의한 회전 움직임에 의해서 이루어지는 것이다.

이에 비하여 밀기 동작은 인체의 순차적인 움직임이 아닌, 가급적 짧은 시간 동안에 인체가 동시에 움직임으로써 최대한의 힘을 발휘할 수 있는 것이다.

## 인체 분절(body segment)

'인체 분절'이라 함은 단순히 인체를 구성하는 각 부분을 말하는데, 통상 머리와 목, 어깨, 가슴, 배, 히프, 상완(upper arm), 전완(forearm), 손, 대퇴(허벅지, thigh), 하퇴(장딴지, leg), 발 등으로 구분한다. 인체 분절들은 뼈(bone)와 관절(joint)을 통하여 서로 연결되어 있다.

우리 인체는 그림과 같이 관절을 축으로 하고, 뼈를 지레대로 하는 역학적 시스템으로 조직되어 있다. 각 인체 분절은 이러한 역학적 시스템에 의하여, 근육의 활동으로 인한 힘을 공급받아 움직이게 되는 것이다. 이러한 특성으로 인하여, 우리 인체는 '살아 움직이는 기계'라고 불린다.

그리고 각 분절의 움직임은 아무리 작은 움직임이라도 독립적인 경우는 거의 없고 인접한 분절과의 협동을 통하여 이루어지도록 되어 있다. 총의 방아쇠를 당기는 것과 같은 미세한 손가락의 움직임에도 인접한 팔과 손이 참여한다. 골프 스윙과 같은 던지기 동작은 인체의 모든 분절이 동원되어야 한다. 이때 관절은 각 분절을 효율적으로 움직이는 데 기여하므로, 각 관절의 특성을 잘 알고 있으면 골프 스윙을 이해하는 데 결정적인 도움이 된다. 이 책에서는 각 관절의 특성이 골프 스윙에 미치는 영향을 설명하는 데 많은 지면을 할애하고 있다.

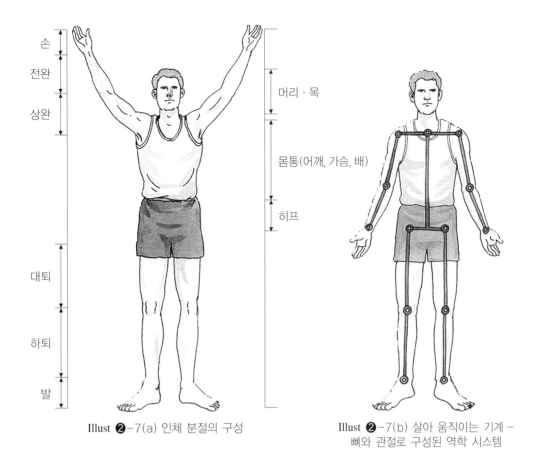

손
전완
상완
대퇴
하퇴
발

머리 · 목

몸통(어깨, 가슴, 배)

히프

Illust ❷-7(a) 인체 분절의 구성

Illust ❷-7(b) 살아 움직이는 기계 – 뼈와 관절로 구성된 역학 시스템

### ❸ 개방적 역학 연계 시스템(open kinetic link system)

이는 인체 분절의 순차적 연쇄반응이 이루어지기 위한 구조를 의미하는데, 제목에 비해 그 내용은 간단하다.

'개방적'의 의미는 순차적 연쇄반응이 시작되는 부분인 발은 지면에 고정되어 있어야 하며, 맨 마지막 분절이 되는 손, 발 또는 도구는 고정되어 있지 아니하고 공간상에서 자유롭게 움직이는 구조로 되어 있다는 의미이다(Illust 2-8 참조).

'역학 연계'란 분절들의 움직임의 구조를 의미한다. 지면과의 고정 부분인 발에 외부적인 힘(지면반력 참조)이 공급됨으로써, 시스템에 회전력(토크, torque)이 생겨 시스템 전체가 움직이게 되며, 이 힘을 공급받은 분절과 분절간의 상호작용에 의해서 순차적으로 시스템이 가동된다는 의미이다.

## 4) 던지기 동작 분석

위에서 설명한 던지기 동작의 주요 특징을 구체적인 예를 통하여 분석해 보기로 하자.

창 던지기, 야구 피칭, 야구 타격. 이 그림들은 종목은 다르지만 동일한 원리─위에서 설명한 순차적인 연쇄반응, 개방적 역학 연계 시스템 원칙─에 의해서 움

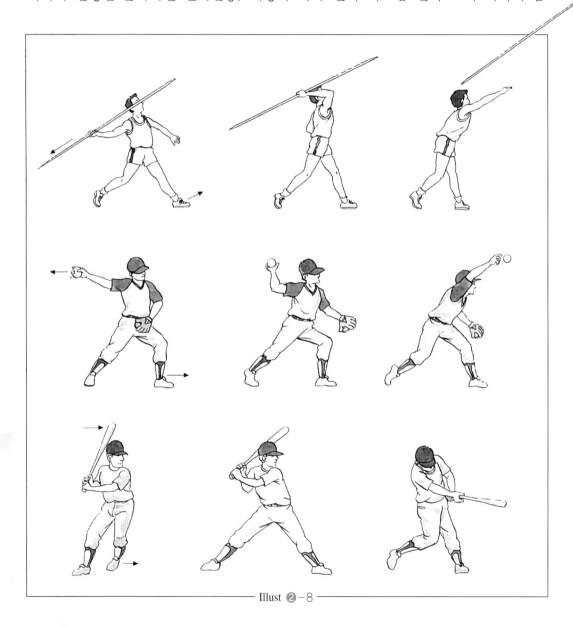

— Illust ❷-8 —

직임을 알 수 있을 것이다.

   이들 동작의 공통적인 특성을 분석해 보기로 한다.

**Ⓐ**   우리가 가장 먼저 주목할 부분은 왼발의 타깃 방향으로의 움직임이다. 왼발이 지면에 접촉하면서 동작의 기저부(base of support)를 구축한다. 이때 왼발이 지면을 누르는 힘에 대하여 반작용으로 지면은 이 힘과 크기가 같고, 방향이 반대인 힘을 왼발에 공급한다(뉴턴의 작용·반작용의 법칙). 던지기 동작을 수행하기 위한 외부적 힘을 우리는 지구로부터 얻고 있다는 사실을 알아야 한다(지면반력 참조).

   외부로부터 힘을 받는다는 사실을 이해하기 위해서는 야구 경기에서 내야수의 송구 동작을 생각해 보면 쉽게 알 수 있을 것이다. 우리는 TV중계를 통하여 내야수가 볼을 캐치하여 2루에 터치아웃 시킨 후, 1루로부터 달려오는 주자를 피하여 1루수에게 공중에 뜬 상태에서 멋진 송구를 하는 것을 종종 목격하게 된다. 그러나 슬로 모션을 통해 관찰하면 내야수는 송구하기 전에 이미 왼발이 지면에 접촉하여 동작의 기저부를 구축한 동시에 지구로부터 반작용 힘을 받아 송구 동작에 필요한 힘을 공급받고 있었던 것이다. 만약에 내야수가 급한 나머지 주자의 태클을 피하고 공중에서 지면으로부터 힘을 공급받지 못한 채 근육의 힘만으로 송구를 한다면 1루에 훨씬 못 미치게 될 것이다.

**Ⓑ**   이와 같이 기저부를 구축하는 움직임이 진행되고 있는 동안 이와는 방향이 반대인 백스윙 동작이 동시에 진행되고 있다(Illust 2-8의 화살표 참조) 이러한 백스윙 움직임은 인체를 최대한 신전(stretch)시켜, 물체에 가하는 힘의 크기나 시간을 최대한 증가시켜 준다(충격량 참조).

   비근한 예로 과거 홈런왕 왕정치 선수, 이승엽 선수, 애리조나 다이아몬드 백스 곤잘레스 선수의 타격 자세를 보면 타격 전 앞발을 앞으로 내미는 순간 배트를 든 손은 오히려 반대 방향으로 회전하고 있다. 즉, 타자의 외다리 타법은 우리가 지금 얘기하고 있는 던지기 동작의 가장 중요한 특성인 인체 분절의 순차적인 회전운동을 적나라하게 보여 주는 좋은 예가 된다. 발부터 움직인다는 사실 말이다.

   이들이 홈런을 많이 때려낸 이유는 이들의 신체적 조건이 다른 선수에 비해 우수했기 때문이 아니고, 던지기 동작인 타격 동작에서 인체의 순차적인 회전 움직임을 어김없이 준수함으로써, 배트의 타격 스피드를 항상 최대로 가져갈 수 있었기 때문임을 인식할 필요가 있다.

**ⓒ** 그 다음은 허벅지, 히프, 몸통이 순차적으로 타깃 방향으로 회전한다. 허벅지와 히프가 회전을 시작함과 동시에 백스윙은 완료되고, 백스윙된 어깨, 팔, 손, 도구 등은 순서를 기다리면서 계속 몸 뒤에 머물러 있다가 히프의 회전에 이어 몸통이 당겨지면서 회전하기 시작한다.

이 인체 분절들은 소위 질량이 매우 큰 대근육(big muscles)으로서 근육의 수축 작용을 통하여 동작에 필요한 힘의 대부분을 공급하게 되며, 시스템 전체를 가동시킨다.

이 단계에서는 동작을 인체 역학적으로 파악함에 있어 매우 중요한 작용이 발생하게 된다. 즉, 대근육들의 전방 움직임에도 불구하고 질량이 상대적으로 작은 신체 분절들은 여전히 뒤쪽에 남아 있게 된다(lagging back). Illust 2-8의 중간 그림에서 보는 바와 같이 몸통 부분이 앞으로 이동하였음에도 불구하고 팔과 손 부분은 여전히 몸의 뒤쪽에 남아 있다.

이의 이유는 첫째 손이나 팔 분절 자체의 현 상태를 유지하려는 관성력이며, 둘째는 분절 상호간의 내부적 토크(torque)라고 불리는 회전효과이다(분절간의 내부적 상호작용은 역학적으로 복잡한 설명을 수반하므로, 이 책에서는 이를 생략하고자 한다).

**ⓓ** 인체 중심 부위의 전방 이동에 이어 어깨, 팔, 손이 순차적으로 움직이게 되는데, 이들 움직임은 앞선 움직임에 따른 연쇄반응에 불과하다. 다시 말하면 이들의 움직임은 수동적이어야 한다는 것이다. 그리고 팔, 손 및 도구가 자유롭게 타깃 방향으로 이동하는 동안 인체 중심 부위인 다리, 히프 및 몸통은 원래의 위치를 지키면서 이들의 움직임을 지탱해 주고 있다('스윙 축' 개념 참조).

우리가 볼을 던진다고 할 때, 우리의 통상 관념은 손에 힘을 가하여 공을 전방으로 보내는 것으로 알고 있는 경우가 대부분이나, 실제로 손은 다리와 히프의 회전에 의하여 생성된 힘을 전달하는 기능만을 수행해야 하며, 별도의 힘을 가하게 되면 인체 분절의 자연스런 움직임을 방해하는 결과를 초래하여 볼을 멀리 보낼 수 없다. 골프 스윙도 마찬가지이다. 우리는 클럽을 손으로 끌어내린다고 느끼지만, 실제는 어깨와 팔의 움직임에 의해 당겨져 내려올 뿐이다.

## 5. 골프 스윙의 본질

골프 스윙의 본질을 알아보기 위하여, 우리는 우리의 일상 동작으로부터 스포츠 동작에 이르기까지 여러 단계에 걸쳐 살펴보았다. 이를 바탕으로 하여 이제는 우리의 관심사인 골프 스윙의 본질에 대하여 정리해 보자.

---

- 골프 스윙은 던지기 동작 중, 언더암 드로 유형에 속한다.
- 골프 스윙은 던지기 동작의 기본 특성 및 원리에 따라 인체 분절의 순차적인 연쇄반응에 의해 이루어져야 한다.

주요 세부 내용을 정리하면 다음과 같다.
- 골프 스윙은 대근육을 이용하는 전신 운동 기술이다.
- 발이 지면과의 접촉점으로부터 반작용력을 얻고, 다리로부터 시작하여 순차적으로 상체에 힘을 전달하면서 인체를 회전시킨다.
- 클럽헤드의 방향성을 확보하고, 인체의 반동동작(고무줄 총과 같은 원리)을 일으키기 위해서 타깃과 정반대 방향으로 백스윙(또는 와인드업)을 한다.
- 다운스윙 시에도 마찬가지로 발을 통하여 지구로부터 반작용력을 얻고, 다리로부터 시작하여 순차적으로 상체에 힘을 전달하면서 인체를 회전시킨다.
- 이때 질량이 큰 부위인 다리와 히프가 스윙에 필요한 힘을 생성하고(인체의 엔진 역할) 이 힘을 질량이 작은 말단 부위로 전달하므로, 말단 부위인 클럽헤드는 최대로 가속된다.

이를 구체적으로 설명하면 다음과 같다. 백스윙 시 오른발이 지면을 누르는 힘에 의하여 지구로부터 힘을 받아 인체 전체가 회전하게 되는데, 발, 다리, 히프가 백스윙 초기 회전을 멈추면서 백스윙 축을 구축하고, 상체는 회전을 계속하여 백스윙을 완성한다.

이러한 상체의 회전이 완료되기 직전 왼발이 지면을 누르는 힘에 의해 다운스윙의 기저부를 형성하며, 다운스윙 초기 다리와 히프가 회전하다가 멈춤으로써 다운스윙 축을 구축하고, 상체는 이 축을 중심으로 자유롭게 회전한다. 즉, 백스윙이 완료되기 직전 왼발이 지면을 누르는 움직임을 시작으로 다리-히프-몸통-어깨-팔-손-클럽의 순으로 움직여야 한다.

이것이 바로 하체가 스윙을 리드해야 한다는 이론의 근거이다. 흔히 '골프 스윙은 하체가 리드해야 한다.'고 막연히 알고 있는데, '반드시 하체가 먼저 움직이고 상체는 이에 따라 수동적으로 움직여야 한다.'가 정확한 표현이다.

홈런타자가 종종 슬럼프에 빠지는 것은 볼을 강하게 타격하겠다는 생각이 팔이나 상체를 먼저 움직이게 함으로써, 순차적인 움직임 원칙에 위배하기 때문이다. 골프의 경우에도 팔과 상체를 먼저 움직이게 되면 스윙의 원리를 무너뜨리는 결과를 초래하므로, 좋은 스윙을 기대하기 어렵다. 이 순서는 반드시 지켜져야 한다. 연쇄반응의 한 부분이라도 문제가 생긴다면 그 부분을 이용하지 못하는 결과로, 우선 힘의 손실이 발생하고 타이밍도 맞지 않게 되는 것이다.

## 6. 골프 스윙의 동작 분석

이제까지 설명한 내용에 의하여, 미국 PGA 투어에서만 84승을 기록하였으며, 90세의 나이에 2002년 마스터스 대회의 시타자로 선정되는 영광을 누리기도 한, '자연스런 스윙'의 대명사 샘 스니드의 스윙 동작을 역학적으로 분석해 보자. 샘 스니드는 본인이 항상 즐겨 애기한 것처럼 '기름처럼 매끄러운(oily)' 스윙의 소유자로

(A)    (B)    (C)

Illust ❷-9

서, 아래 그림은 그가 60대일 때의 스윙 동작임에도 불구하고, 인체의 어느 한 부분 개별적인 움직임 없이 몸 전체가 일체가 되어 물 흐르듯이 움직이는 모습을 보여 주고 있다. 이 내용은 3장의 표 1을 참고하면서 보면 쉽게 이해할 수 있을 것으로 생각한다.

Illust 2-9의 (A)는 소위 원피스 테이크어웨이를 완벽하게 실현하는 모습이다. 클럽을 손으로 낚아채거나 팔로 들어올린 흔적이 전혀 나타나지 않고, 오로지 어깨의 회전 동작에 의해서 팔, 손 및 클럽이 일체가 되어 움직이고 있다.

(B)와 (C)는 오른발이 지면을 누르는 힘에 의하여 인체의 중심에 있던 무게중심을 오른쪽으로 이동시켜 백스윙 축을 구축하는 과정이다.

(D)　　　　　　　　(E)　　　　　　　　(F)

(D)는 어깨의 회전과 헤드의 원심력에 의하여 백스윙이 진행되는 모습이며, 이 과정에서 손목은 어깨 부근에 이르러 자연스럽게 코킹이 완성된다. 이때까지 다리와 히프는 어깨회전에 저항하여 회전 움직임이 거의 없다. 이러한 다리와 히프의 저항은 우리 인체가 자연스럽게 움직였을 때 나타나는 현상이다.

즉, 상체가 오른쪽으로 회전하면 인체의 작용·반작용에 의하여 하체는 왼쪽으로 회전하게 되는 것이다. 따라서 백스윙 시 상체가 오른쪽으로 회전하면 우리 인체는 작용·반작용 법칙에 의하여 하체는 왼쪽으로 회전하려는 경향을 보이게 되는데, 이는 하체의 저항이 움직임으로 나타나는 것이다. 또한 이러한 현상은 어깨 회전각과 히프 회전각의 차이를 크게 하여 스윙 파워를 증가시키게 되는데, 보다 중요한 것은 (E)와 (F)의 동작에 의해 완성된다는 점이다.

(E)와 (F)는 백스윙이 진행되면서 어깨회전은 거의 완료되고, 클럽의 증가된 원심력에 의하여 백스윙 탑에 이르게 되는데, 이때 왼발은 이미 타깃 방향으로의 움직임이 시작된다.

이러한 왼발의 움직임이 지면으로부터 힘을 받아 다운스윙 축을 구축하게 되며, 다리와 히프가 회전을 시작하면서 백스윙은 멈추고 다운스윙으로의 전환이 이루어진다. 이런 움직임에 의해 히프가 타깃 방향으로 되돌려짐으로서 히프의 회전각은 축소되고, 어깨는 아직 움직이고 있지 않음으로써 당초의 회전각을 유지하고 있는 바, 이때가 히프와 어깨의 회전각 차이가 최대가 되는 시점으로서, 이 회전각의 차이가 클수록 스윙 파워는 증대된다.

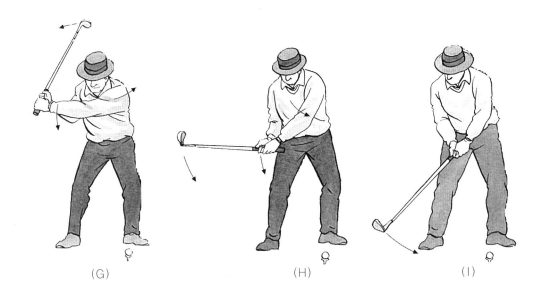

(G)                    (H)                    (I)

(G)는 다리와 히프의 회전은 완료된 상태로서, 이들로부터 운동량을 전해 받은 몸통과 어깨는 최대의 속도에 이르게 되며, 이때까지 코킹을 유지하면서 몸의 뒤에 남아 있는 팔에 운동량을 공급하면서 팔과 클럽을 서서히 움직이게 한다.

(H)는 운동량의 대부분을 팔에 전달한 어깨는 회전이 거의 정지된 상태이며, 팔은 최대속도에 이르러 클럽에 운동량을 전달하고 있다.

(I)는 클럽헤드에 운동량의 대부분을 전달한 팔은 속도가 급속하게 떨어지고 있는 모습이며, 헤드는 가속되면서 볼을 향하여 질주하고 있다.

(J)　　　　　　　　　(K)　　　　　　　　　(L)

(J)는 이때까지 왼발의 회전으로 시작한 다운스윙은 다리-히프-몸통-어깨-팔-손-샤프트의 회전이 순차적으로 진행되다가 멈춘 상태인 바, 클럽헤드만 움직이고 있다. 클럽헤드는 최대속도에 이르러 볼과 충돌하게 되는 것이다. 이런 현상을 두고 '임팩트 시에는 클럽헤드만을 사용하라.'는 유명한 골프 격언이 있다.

(K)와 (L)은 임팩트 이후 클럽헤드가 볼에 전달하고 남은 운동량에 의해 몸 전체가 회전하면서 운동량을 흡수, 분산시키게 되는데, 이를 폴로스루라고 한다.

## 골프 스윙에 적용되는 물리법칙

스윙의 원리를 알기 위해서는 몇 가지의 기본 물리 지식이 필요한 바, 본 장에서는 운동량과 충격량 및 운동량 보존의 법칙에 대해 알아보기로 한다. 기초적인 물리 지식은 골프를 이해하는 데 반드시 필요하고 많은 도움이 되는 것들이다.

여기에서는 기본적인 운동 역학 지식 외에 우리가 자주 접하게 되는 여러 종류의 스포츠에 대한 폭넓은 이해를 위하여 관련 사례를 소개하고자 한다. 이런 다양한 스포츠 사례를 통한 경험은 골프를 보다 잘 이해할 수 있게 해 줄 것이다.


## 1) 운동량(momentum)

물체는 그 물체가 가지고 있는 질량에 비례하여 관성을 가지게 되는데, 관성은 두 가지의 성질을 갖고 있다. 하나는 외부의 힘에 대항하여 현재의 정지 상태를 유지하려는 것이고, 다른 하나는 일단 움직임을 시작하면 외부의 힘에 의하여 방해받지 않는 한 움직임을 지속하려는 경향이 있다(뉴턴의 제1법칙 : 관성의 법칙).

정지해 있는 물체를 움직이려면 물체에 힘을 가해야 하는데, 그 힘이 물체의 관성력보다 크면 그 물체는 움직이게 된다(뉴턴의 제2법칙 : 가속도의 법칙). 물체가 움직이고 있을 때 그 물체는 운동량을 가지고 있다고 하며, 다음과 같이 표시한다.

$$운동량(P) = 물체의 질량(m) \times 속도(v)$$

운동량은 움직이는 선수나 물체에 항상 존재하며, 특히 충돌이나 충격이 이루어지는 스포츠에서 매우 중요한 역할을 한다.

아이스하키 경기에서 몸집이 작은 선수가 덩지가 훨씬 큰 선수를 부닥쳐 넘어뜨리는 것을 종종 볼 수가 있는데, 이는 질량이 상대적으로 적은 선수가 움직이는 속도를 크게 함으로써 상대 선수보다 운동량을 크게 하였기 때문이다.

왕년의 천하장사 이만기 선수가 체중이 훨씬 큰 선수들과 능히 맞붙어 승리할 수 있었던 것도 중력 또는 상대방의 힘을 역이용하는 것과 같은 역학적 원리를 이용한 씨름기술뿐 아니라, 체중의 열세를 빠른 몸 동작으로 극복함으로써 결과적으로 많은 운동량을 발휘하였던 것이다.

필자가 운동 역학을 배우면서 나름대로 골프에 적용한 하나의 예를 소개하고자 한다. 테이크어웨이 시에는 손이나 팔이 아닌 어깨의 회전에 의한 소위 '원피스 테이크어웨이'를 하는 것이 바람직하다고 하는데, 백스윙의 시작, 즉 테이크어웨이 시 정지되어 있는 클럽을 움직이기 위해서는 클럽에 힘을 가해야 한다.

이때 손의 힘만으로 클럽을 움직이는 경우와 어깨를 이용하는 경우를 비교해 보자. 클럽을 움직이는 데 필요한 힘이 일정하다고 했을 때, 운동량 개념에 따르면 손보다는 어깨의 질량이 훨씬 크므로 보다 천천히 움직여야 할 것이다. '운동량＝질량×속도'에서 필요한 운동량은 일정하므로, 어깨의 질량이 크면 같은 운동량을 내기 위해서 속도를 낮추어야 할 것이며, 손은 질량이 작으므로 상대적으로 빨리 움직여야 할 것이다.

그러므로 어깨를 이용하는 경우에는 백스윙의 속도가 느려질 것이고, 손만으로 클럽을 움직이려 할 때에는 클럽을 낚아채는 듯한 빠른 백스윙 동작이 나오기 쉬운 것이다.

이처럼 기본 원리를 이해하고 있으면 동작의 많은 부분을 설명할 수 있으며, 쉽게 이해할 수 있고 기술을 습득하는 데 유용하게 응용할 수가 있는 것이다.


## 2) 충격량(impulse)

물체나 선수를 움직여 운동량을 갖게 하려면 힘이 필요한데, 힘을 가할 때는 항상 시간이 소요된다. 선수나 물체에 일정한 시간 동안 일정한 크기의 힘을 작용시켰을 때, 충격량을 주었다고 한다. 충격량은 충돌 후의 운동량의 변화량으로 나타낸다. 이러한 충격량 개념은 운동 역학에 있어 매우 의미 있고 중요한 개념이며, 동시에 우리가 미처 깨닫지 못한 운동기술의 비밀이 감추어져 있는 개념이기도 하다.

$$\text{충격량}(I) = \text{힘}(F) \times \text{힘이 가해진 시간}(t) = \text{물체의 운동량 변화}(\Delta P)$$

충격량은 위와 같이 나타내는데, 충격량의 개념을 좀더 잘 이해하기 위하여 관련 사례를 들어 보기로 하자.


Ⓐ 충격량의 흡수와 극대화

권투선수 알리는 나비처럼 날아서 벌처럼 쏘는 권법으로 일세를 풍미했는데, 권투선수가 뻗은 펀치는 운동량을 가지고 상대방 선수의 얼굴에 접촉하게 되는데, 운동량은 일정한 상태이므로, 공식에서 보는 바와 같이 힘이 가해진 시간(t)이 작아지면 상대적으로 힘(F)은 커지므로, 충격량을 극대화하기 위해서는 접촉시간을 가능한 한 짧게 해야 할 것이다. "펀치를 끊어 친다."는 말은 접촉시간을 최소화하는 것을 말한다. 이와는 반대로 알리는 상대방이 펀치를 날릴 때는 상체를 뒤로 젖히면서 로프에 기댄다. 그 결과 상대방의 펀치는 긴 시간에 걸쳐 알리의 몸에 작용되므로 작은 힘(충격)만을 받게 되는 것이다.

**ⓑ 접촉시간의 증가에 의한 충격량의 증가**

야구, 축구, 골프, 테니스 등의 던지기 동작은 인체의 말단 부분(대개 손이나 발)이나 이 말단 부분에 연결되어 있는 볼, 야구 배트, 골프클럽, 테니스 라켓 등을 최대한 빠른 속도로 움직여 주어야 소기의 목적을 달성할 수 있는 동작 유형에 속한다.

그러기 위해서는 운동량을 증가시켜야 하는 바, 위의 공식에 따라 접촉시간을 길게 하면 운동량을 증가시키게 되는 것이다. 이를 이용한 던지기 동작의 경우에는 힘을 가하기 전에 보통 백스윙, 와인드업 또는 웅크리기 동작을 하게 되는데, 이는 인체의 말단 부분이나 용구에 접촉시간을 길게 하기 위한 것이다. 이러한 사전 백스윙 동작이 없으면 인체를 가속하는 데 충분한 힘을 작용시킬 수가 없는 것이다. 예를 들어 보기로 한다.

창을 멀리 던지기 위해서는 보다 많은 운동량을 공급해야 하며, 창에 가해지는 힘의 적용시간을 길게 연장시켜야 한다. 이를 길게 하기 위하여 상체를 뒤로 젖히는 동작이 필요하다. 높이뛰기에서 발이 지면을 누르게 되면 지면은 방향이 반대이고 동일한 크기의 힘으로 인체를 밀어내게 되는데, 선수가 보다 높이 뛰어오르기 위해서는 가급적 오랜 시간 동안 지면을 누름으로써 보다 많은 상방 추진력을 얻게 될 것이다. 이를 위하여 선수는 상체를 뒤로 한 채 구름 동작을 하게 된다(Illust 4-2 참조).

골프에 있어 클럽과 볼의 접촉시간이 갖는 중요성은 백스윙의 필요성 외에 두 가지로 생각해 볼 수 있는데, 하나는 접촉시간의 증가에 의한 충격량의 증가이고 다른 하나는 방향성의 개선이다. 전자의 경우는 드라이버의 거리 증가와 관련이 많을 것이고, 후자의 경우에는 퍼터의 방향성을 좋게 하는 것과 관련이 있다. 퍼터를 홀 방향으로 밀어치라는 의미는, 많은 운동량을 공급하기보다는 접촉시간을 연장시켜 방향성을 좋게 하기 위한 팁이다.

## 3) 운동량 보존의 법칙(conservation of momentum)

두 개의 물체가 충돌하게 되면 여러 가지 현상이 발생하게 된다. 보통의 경우 소리가 날 것이며, 물체가 변형되거나 속도나 방향이 바뀌게 될 것이다. 그러나 모든 충돌현상에서 외력이 작용하지 않는다면, 충돌 전후의 운동량의 합은 같다. 이를 운동량 보존의 법칙이라 한다(뉴턴의 제1법칙에서 유래).

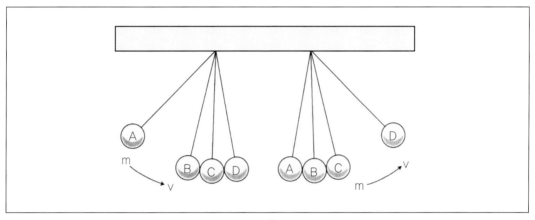

Illust ❷-10

그림과 같이 추 A를 자유낙하시키면, 추의 질량(m)×속도(v)에 해당하는 운동량을 갖고 추 B와 충돌한다. 이때 추 A의 운동량은 B-C-D에 차례로 전달되어 추 D를 밀어내는데, 추 A와 추 D는 질량이 같으므로, 추 D가 튕겨져 나가는 속도는 추 A 때와 같다.

우리가 생각할 수 있는 가장 간단한 예는 총의 발사일 것이다. 발사 전에는 총이나 총알이 정지된 상태이므로, 운동량의 합은 0이다. 총이 발사되면 총과 총알의 운동량은 서로 반대의 방향을 갖게 될 것이며, 총알의 질량은 총의 질량보다 훨씬 작으므로 총알의 속도는 총이 움직이는 속도보다 훨씬 빠를 것이다.

골퍼에게 관심이 있는 부분은 클럽헤드와 볼의 충돌일 것이다. 운동량 보존의 법칙에 따라 임팩트 직전의 클럽헤드의 운동량과 임팩트 후, 속도가 줄어든 클럽헤드와 가속화 된 볼이 가지는 운동량의 합은 같을 것이다.

## 4) 운동에너지와 운동량과의 관계

운동에너지(kinetic energy)란 움직이는 인체나 물체가 접촉하는 물체에 일을 할 수 있는 능력을 말하며, 다음과 같은 식으로 표시한다.

$$운동에너지(KE) = 1/2 \times 질량(m) \times 속도^2(V^2)$$

움직이는 물체는 항상 운동량과 운동에너지를 가지게 되는데, 이들은 서로 공통되는 요소 − 질량(m)과 속도(v) −를 보유하고 있다. 특정 상황에서 물체의 속도에 주안점이 있는 경우에는 운동량 개념으로 접근하고, 한 물체가 다른 물체를 움직이거나 변형시키는 것에 주안점이 있으면 운동에너지 개념으로 접근하게 된다. 골프스윙의 원리를 설명하는 경우에 있어서도 다운스윙 시에 인체가 가속화되는 원리는 운동량 개념으로, 클럽이 볼과 충돌하는 현상은 운동에너지 개념으로 설명하면 될 것이다.

화살을 발사했을 때 화살이 날아가는 동안은 운동량만이 존재하며, 화살이 과녁에 박히는 현상은 화살이 가지고 있던 운동에너지가 과녁에 대하여 일을 하였다고 설명할 수 있다.

**3**

# 골프 스윙의 역학적 원리

# Golf 3 골프 스윙의 역학적 원리

2장에서는 골프 스윙의 본질에 대하여 알아보았다. 스윙의 본질을 구성하는 원리 중, 스윙 전체를 지배하는 기본 원리에 대해서는 2장에서 채찍 동작의 원리와 던지기 동작의 원리를 통하여 어느 정도 설명이 되었으므로, 본 장에서는 인체의 순차적인 연쇄 동작의 운동 역학적 적용에 대해 알아보고, 골프 스윙의 두 번째 핵심요소인 팔과 클럽의 관계 및 운동 역학적 원리를 살펴보기로 한다.

## 1. 골프 스윙의 운동 역학적 적용

### 1) 인체 분절의 동작 원리 – 가속과 감속

이를 설명하기 전에, 앞서 소개한 채찍질이나 도리깨의 예를 보면, 손잡이 부분이 처음에는 서서히 움직이다가 최대의 속도에 도달하고 이후에는 감속되다가 정지하게 되는 현상을 보았는데, 이 같은 현상은 인체 시스템에서도 동일하게 발생한다.

운동회의 이어달리기를 연상해 보자. 선행 주자는 최대의 속력을 유지하면서 바통을 다음 주자에게 넘겨주며, 자신은 속력을 줄이면서 정지한다. 바통을 이어받을 주자는 서서히 앞으로 움직이다가 바통을 이어받으면서 속력을 내기 시작한다.

인체의 가속(acceleration)과 감속(deceleration)의 원리는 골프 스윙뿐 아니라 모든 인체 움직임의 원리이다. 예컨대 팔, 다리, 히프, 무릎 등의 인체 분절은 각각 움직일 수 있는 범위가 정해져 있다. 움직이는 범위가 무한정이라면, 인체는 낙지와 같은 연체동물처럼 흐느적거려서 걷기조차 힘들어질 것이다. 걸을 때 자연스런 움직임을 실현할 수 있는 것도 가속과 감속의 원리에 따라 팔다리가 움직이기 때문이다.

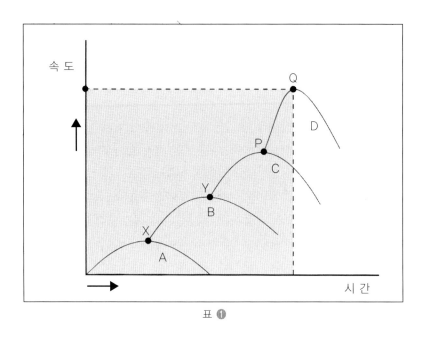

표 ❶

표 1은 던지기 동작에 있어, 인체 분절이 가속 또는 감속되면서 어떻게 최대의 속도에 도달하게 되는지를 보여 주고 있다. 표에서 가로축은 분절이 움직이는 시간을 나타내는데, 각 분절이 순차적으로 움직이는 모습을 보여 주고 있다. 세로축은 각 분절이 움직이는 속도를 나타내는데, 분절의 움직임이 이어지면서 속도가 점차 증가함을 보여 주고 있다. 그리고 각 분절은 직전 분절과 서로 중복(overlapping) 되면서 움직임을 알 수 있다.

표 1에서 보는 바와 같이, A(다리+히프)는 외부로부터 지면반력을 받아 서서히 회전하기 시작한다. 외부 힘이 계속 공급되므로 A는 가속되고 최고속도 X에 이르러 운동량을 B(몸통+어깨)에 전해 주면서 서서히 감속되다가 정지한다.

B는 A로부터 운동량을 받아 가속되는데, B의 질량이 A의 질량보다 작으므로 표에서 보는 바와 같이 회전속도가 증가한다. 동일한 절차에 따라 B도 최대속도 Y에 이르러 다음 분절인 C(팔+손)에 운동량을 공급하면서 자신은 감속, 정지되며, C는 다시 D(클럽헤드)에 운동량을 공급하여 D가 최대속도에 이르게 한다.

이러한 인체 분절의 가속과 감속이 순서에 따라 반복되는데, 위로 갈수록 질량 (=관성 모멘트)이 작아지므로 이에 따라 분절의 회전속도도 계속 증가한다. 마지막 분절인 클럽헤드에 이르러 최대속도 Q에 도달하게 되는데, 이때가 임팩트 시점이 된다.

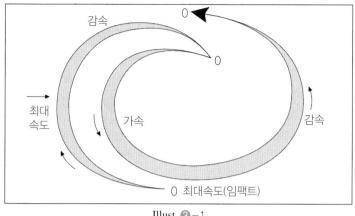

감속

0

0

최대
속도

가속

감속

0 최대속도(임팩트)

Illust ❸-1

## 클럽헤드의 가속과 감속

이러한 인체 분절의 가속과 감속의 원리가 골프클럽에 어떻게 적용되고 있는가를 안다는 것은 매우 중요한 의미가 있다.

첫째, 골프클럽은 손을 통하여 인체와 연결되어 인체의 일부분이 되며 작동되는 원리도 동일하다. 그러나 골프클럽은 시각적으로 그의 움직임을 용이하게 관찰할 수 있으므로, 클럽의 위치나 움직임을 통하여 자신의 스윙을 점검할 수가 있기 때문이다.

둘째, 가속과 감속의 원리는 골프 스윙의 핵심 원리이다. 골프 스윙의 리듬과 템포는 가속과 감속의 원리에 의하여 실현되기 때문이다. 피겨 스케이트 선수나 체조 선수들의 리듬감 있는 동작을 상상해 보라. 빠르게, 느리게 그리고 다시 빠르게 움직이는 모습을. 프로선수들의 리듬감 있는 스윙도 같다.

클럽이 정지해 있는 경우 속도는 0이다. 테이크어웨이를 시작하면 헤드의 속도는 증가할 것이다. 즉, 가속되기 시작한다. 헤드는 백스윙이 진행됨에 따라 가속되다가 최대속도에 이른 후, 감속되다가 백스윙 탑에 이르러 다시 속도가 0이 된다. 다운스윙도 동일한 과정을 경유해야 한다. 가령 탑에서의 속도 0에서부터 속도가 1, 2, 3, 4…9까지 가속되어 임팩트 시점에 최고속도 10에 이른 후, 9, 8, 7, 6…으로 다시 감속되기 시작하여 폴로스루를 마치면서 다시 속도는 0이 된다. 이러한 속도감을 느끼면서 스윙한다면, 스윙의 감을 아주 쉽게 터득할 수 있을 것이다. 인체의 움직임 원리에 충실하게 따르기 때문이다.

이러한 원리는 놀이공원의 인기 기구인 '바이킹'을 연상하면 쉽게 이해할 수 있을 것이다. 바이킹에서는 우리가 임의로 속도를 조절할 수 없는데, 골프 스윙도 그래야 한다. 탑에서 손이 주도하여 다운스윙을 시작하면 조기에 가속되어 자연스런 동작이 나오지 않는다. 가속과 감속의 원리를 위배했기 때문이다.

마지막으로 가속과 감속의 원리는 인체의 움직임에 의해 실현되는 것인 바, 헤드의 속도가 0일 때 — 어드레스, 백스윙 탑 및 폴로스루 종료 시 — 는 인체가 완전히 이완되어 있어야 한다. 가령 어드레스나 백스윙 탑에서 손과 팔에 힘이 들어가 있으면 가속과 감속이 이루어지지 않을 것이므로, 급작스런 스윙이 나오기 쉽다. 초보자들의 가장 흔한 에러는 속도가 0인 시점에서의 손과 팔의 긴장에서 비롯됨을 알아야 한다.

## 각운동량 보존의 법칙(conservation of angular momentum)   Golf

골프 스윙에 적용되는 원리를 한 마디로 표현하면, 각운동량 보존의 법칙이라고 할 수 있다.

인체의 모든 움직임은 관절을 축으로 하는 각(角, 회전)운동인데, 각운동량도 역시 보존된다. 예컨대 몸무게 50kg의 소년이 초속 5m로 뛰어가고 있다면, 소년은 '50kg×5m/초 = 250kgm/초'의 운동량을 갖고 있다. 이 소년이 돌부리에 걸려 넘어지는 경우를 가정해 보자. 돌에 걸리는 순간 몸 전체가 돌을 축으로 하여 회전하게 될 것이다. 이때 신체 일부는 움직임이 정지되거나 느려지게 되는데, 전체 운동량은 보존되므로 신체가 회전하면서 넘어지는 속도는 뛰어가던 속도보다 더욱 빨라질 것이다.

이를 골프 스윙에 적용해 보자. 다운스윙이 시작되면 몸 전체가 회전하다가 다운스윙 초기에 다리와 히프가 정지하는데, 전체 각운동량은 보존되므로 팔과 클럽헤드는 회전속도가 증가하게 될 것이다. 마지막으로 팔이 정지하는 순간, 클럽헤드의 스피드는 최대에 도달하게 된다(Illust 3-13, 팔의 감속과 클럽헤드의 가속 참조).

이를 정리해 보면, 각운동량 보존의 법칙에 따라 몸통과 팔 및 클럽헤드는 동일한 운동량을 갖고 회전하는데, 이 순서대로 질량이 크므로 회전하는 속도는 반비례하여 증가하게 될 것이다. 즉, 몸통이 시속 5km로 회전할 때 팔은 시속 20km, 클럽헤드는 시속 100km 정도가 된다고 한다.


## 2) 인체 분절 움직임의 순서

골프 스윙은 인체 분절의 연쇄반응에 의해서 이루어지는데, 이는 질량이 큰 부위부터 질량이 작은 부위로 순차적으로 움직이며, 또한 지면에 고정되어 있는 발부터 클럽헤드에 이르기까지 아래로부터 위로 움직이는 구조에 의하여 움직임으로써, 클럽헤드가 최대의 속도에 이르게 됨을 살펴보았다. 이러한 현상에 대한 이해를 돕기 위하여 시각적 사례를 들어보자.

Illust 3-2는 스프링에 의하여 지면에 고정되어 회전할 수 있는 원통에 탄력 있는 고무호스를 매달고, 고무호스를 뒤로 잡아당긴 후 놓았을 때, 원통과 고무호스의 움직임을 나타낸 것이다. 고무호스의 끝에는 철심을 달아 놓았다. 원통은 힘의 생성 부위인 다리, 히프 및 몸통이라 하고, 고무호스는 어깨, 팔, 클럽 등의 힘의 전달 기관이라고 하자.

신장되어 있는 고무호스 끝을 놓는 순간, 원통에 연결되어 있는 스프링이 먼저 구동되면서 원통을 원래의 위치로 되돌리게 될 것이다. 이는 골프 스윙에서 하체가 먼저 회전하는 것과 같다. 이때 고무호스는 원통의 회전에도 불구하고, 현재의 상태를 유지하려는 관성에 의하여 바로 회전하지 않는다.

그러므로 원통의 회전에 의하여 고무호스는 원통에 감기게 되는데, 이는 다운스윙 시 하체의 회전에 의하여 팔과 가슴 부분이 밀착되는 모습과 같다. 원통은 스프링의 탄성력에 의하여 빠르게 원위치로 돌아가며, 뒤늦게 움직이기 시작한 고무호스는 이를 따라 잡기 위해서 매우 빠른 속도로 회전하게 될 것이다. 만약 스프링의 힘이 약하거나, 원통의 회전 없이 고무호스만 회전한다고 하면, 회전 속도는 형편없이 떨어질 것이다.

그리고 고무호스의 초기 굽어진 모양을 보면, 호스 끝 부분이 뒤에서 따라오는 모습이며, 나중에는 호스의 원심력이 생겨 끝 부분이 앞서 가게 되는데, 실제 골프 스윙에서 클럽의 휘는 모양과 동일하다.

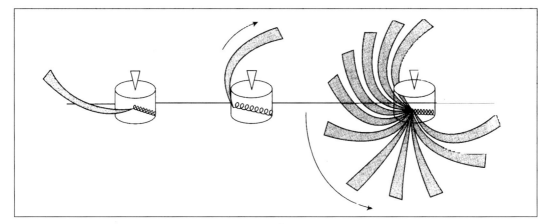

Illust ❸-2

　Illust 3-3은 고대의 전투무기인 투석기로서, 오늘날 대포에 상당할 것이다. 지면과 접촉하고 있는 받침대는 다리, 히프, 몸통에 해당되며, 투석반을 연결하는 막대는 팔이요, 투석반은 클럽헤드라 하자. 투석반이 뒤로 젖혀졌다가 풀리는 순간, 받침대로부터 에너지가 투석반으로 전달되는 과정을 볼 수 있다. 초기에 투석반은 아직 제자리에 머물러 있으며, 막대기의 하단으로부터 에너지를 전달받음에 따라 투석반은 서서히 움직이기 시작한다. 그림에서 보는 바와 같이 클럽헤드에 해당되는 투석반은 움직이는 속도가 점점 빨라지다가 임팩트 시점인 5에서 최대가 되면서 돌을 멀리 보내게 된다. 투석반의 움직임은 골프 스윙에서 하체로부터 에너지를 전달

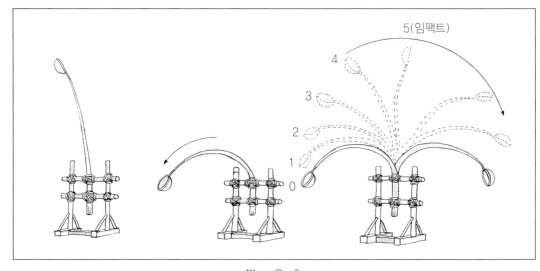

Illust ❸-3

받은 팔의 움직임과 동일하다. 손이나 팔에 힘을 가하면 자연스런 에너지의 전달은 왜곡될 것이다.

Illust 3-4는 외부 힘에 의하여 나무토막 3개가 움직이는 모습이다. 맨 아래 나무 토막은 다리와 히프, 가운데는 몸통과 어깨, 맨 위는 팔과 클럽이라고 하자. 1단계에서 외부적 힘은 시스템 전체를 움직이게 하므로 속도가 느리지만, 2단계에서는 맨 아래에 있는 가장 큰 나무토막이 계단 아래에서 정지하고 두 개의 나무토막만이 움직이게 되는데, 당초의 운동량은 보존되므로 처음보다 속도가 빨라지게 된다. 3단계에 이르면 더욱 빠른 속도로 이동하게 될 것이다.

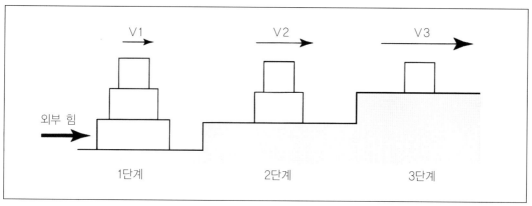

Illust ❸-4

그림을 통하여 보듯이 골프 스윙에서는 바닥으로부터의 순차적인 움직임이 이루어졌을 때, 아랫부분의 보다 강력한 힘으로부터 최대한의 에너지를 클럽헤드에 전달하게 되는 것이다.

이를 스윙을 하는 인체에 적용시켜 보면 다리는 히프를 잡아당기는 것이며, 히프는 몸통을, 몸통은 가슴과 어깨를, 가슴과 어깨는 팔을, 팔은 손을, 손은 클럽 샤프트를, 클럽 샤프트는 클럽헤드를 잡아당기는 것이다. 이와 같이 인체의 모든 분절의 회전운동으로부터 생성된 에너지는 순차적으로 이어져 마지막 단계인 손목을 통하여 클럽헤드에 전달되는 것이다.

## 2. 팔과 클럽과의 관계 – 바퀴축 시스템(wheel-axle system)

여기에서 얘기되는 주제는 팔과 클럽과의 관계이다. 스윙의 원리에 의하면, 팔과 클럽도 하나의 인체 분절에 불과하므로 연쇄반응 과정의 하나로서 수동적으로 움직여 주기만 하면 된다. 그러나 팔과 클럽간에는 또 하나 골프 스윙의 핵심적인 원리가 적용되고 있는 바, 이의 운동 역학적 원리에 중점을 두어 설명하고자 한다.

### 1) 각속도(angular velocity)와 선속도(linear velocity)

볼을 멀리 치기 위해서는 클럽헤드의 스피드를 증가시키면 된다. 이를 위해서는 이미 배운 바와 같이 인체 중심 부위의 분절을 빠르게 회전시킴으로써, 마지막 분절인 클럽을 빠른 속도로 당겨지게 하면 된다. 또 하나의 키가 있다면 팔과 클럽과의 관계에서 헤드 스피드를 늘릴 수가 있는데, 이는 각속도를 증가시키는 방법에 의한다.

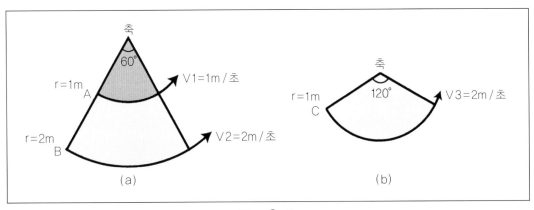

Illust **❸**-5

먼저 각속도와 선속도의 개념을 그림을 통하여 알아보기로 하자.
축을 중심으로 회전하는 물체는 각속도를 갖게 되는데, 각속도는 축을 중심으로 한 각도의 변화를 시간으로 나눈 값이다. Illust 3-5의 (a)는 단위시간당 60도를, (b)는 120도를 회전하였으므로 (b)의 각속도가 (a)보다 2배 빠르다고 한다. 그리고 A와 B의 각속도는 같지만, B의 이동거리가 A의 2배이므로 선속도도 2배가 된다.

각속도와 선속도과의 관계를 식으로 나타내면 다음과 같다.

$$선속도(v) = 회전반경(r) \times 각속도(w)$$

즉, 반지름(r)이나 각속도가 커지면 선속도(v)가 증가하게 된다.

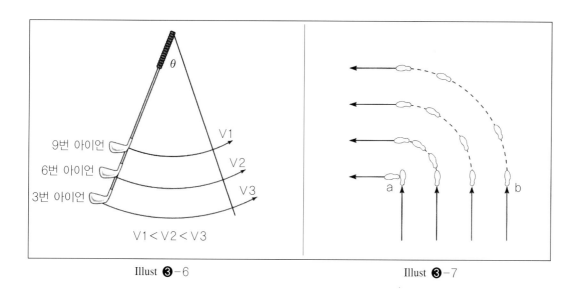

Illust ❸-6                    Illust ❸-7

　이 개념을 쉽게 이해하기 위하여 위 공식을 골프클럽에 적용하여 보기로 하자. Illust 3-6에서 보면 3개 클럽의 각속도(**θ**)는 동일하지만, 클럽의 길이는 다르다. 즉 클럽이 길수록(회전반경이 클수록) 헤드의 스피드(선속도)는 증가한다.
　롱 아이언의 비거리는 결국 클럽의 길이에서 비롯되는 것이라고 말할 수 있는 것이다. 그러나 롱 아이언은 아마추어 골퍼들에게는 다루기 힘든 클럽인데, 그 이유는 클럽의 길이가 길어질수록 동시에 관성 모멘트가 커지기 때문이다. 큰 관성 모멘트는 골프 스윙을 방해하게 되므로, 각속도가 줄어든다. 그러므로 각속도 감소분이 길이에 의한 선속도 증가분을 상쇄시켜 버리면, 비거리가 오히려 감소하게 되는 것이다. 5번 아이언보다 7번 아이언이 더 멀리 날아가는 것은 이 때문이다.

　롱 아이언이나 드라이버는 클럽의 길이가 길어서 회전반경은 커지나 관성 모멘트가 동시에 커지기 때문에 각속도가 감소하게 된다. 예컨대 드라이버 거리가 잘 나지 않는다면 이는 스윙의 각속도가 느리다는 것을 의미하므로, 드라이버의 길이를 줄여 관성 모멘트를 적게 하는 것이 하나의 방법이 될 것이다. 아마추어 골퍼들이 비거리가 나지 않는 가장 큰 이유 중 하나는, 팔이나 상체에 힘이 들어가 경직되면 관성 모멘트가 증가하여 각속도가 감소한다는 사실이다. 롱 아이언이나 드라이버를 부드럽게 치라는 것은 바로 이러한 이유 때문이다. 그리고 흔한 예로써, 타깃까지의 거리가 7번 아이언으로는 다소 길고, 8번 아이언으로는 약간 짧다고 판단되는 경우, 7번 아이언을 약간 내려 잡음으로써 스윙 반경을 줄이면 헤드 스피드가 감소하므로 비거리를 조정할 수 있는 것이다. 우리가 종종 사용하는 방법이다.

Illust 3-7은 운동회의 행진에서 코너를 돌고 있는 장면이다. 학생 a는 옆의 학생들과 보조를 맞추기 위해서 코너링을 마칠 때까지 계속 제자리걸음 상태에서 방향만 바꾸며, 학생 b는 매우 빠른 걸음으로 쫓아가야만 한다. 학생 a와 b의 각속도는 같으나, 학생 a는 중심에서 움직이므로 반지름이 0에 가깝고, 선속도도 거의 0이 된다. 학생 b는 회전반경이 크므로 선속도도 커진다. 이를 골프 스윙에 적용시켜 보면 학생 a는 손목에 해당되며, 학생 b는 클럽헤드에 상당할 것이다. 임팩트 시 손과 팔은 거의 정지되어 있으며, 팔뚝의 회전에 의하여 헤드가 빠른 속도로 볼을 향하여 접근하는 모습과 동일하다.

## 2) 지레와 바퀴축 시스템

우리는 이제까지 각속도와 선속도의 관계를 통하여 클럽헤드 스피드에 해당되는 선속도를 증가시키기 위해서는 각속도를 증가시켜야 한다는 사실을 알았다. 그러면 이번에는 각속도를 증가시키는 방법을 모색해야 하겠는데, 다행스럽게도 우리 인체는 각속도를 증가시킬 수 있는 효율적인 시스템을 갖추고 있다. 이에 대해서 자세히 알아보기로 하자.

인체는 '살아 있는 기계'로서, 어떤 움직임이나 동작을 수행하기 위해서 역학적 시스템을 구성하여 이를 이용한다고 하였다. 이 같은 역학적 시스템을 구성하는 부품의 기능을 보면, 뼈는 지렛대(lever), 관절은 지레축(axis), 그리고 근육은 힘(force)을 공급한다. 인체는 움직임이나 동작의 목적에 따라 필요한 뼈, 관절, 및 근육을 조합하여 가장 효율적인 방법으로 움직임을 수행하게 되는데, 이러한 효율적인 역학적 시스템에는 지레 시스템(a lever system)과 바퀴축 시스템(a wheel-axle system)이 있다.

대부분의 경우 지레 시스템을 이용하여 원하는 동작이나 움직임을 효과적으로 수행할 수 있으나, 던지기 동작의 목적은 인체 말단 부위의 속도를 최대한 가속시키는 것으로, 바퀴축 시스템이 역학적으로 유리하다. 던지기 동작인 골프 스윙의 경우에도 이러한 바퀴축 시스템에 의하여 클럽헤드의 스피드를 효과적으로 증가시킬 수가 있는 것이다.

우선 그림을 통하여 두 가지 시스템의 개념을 알아보자.

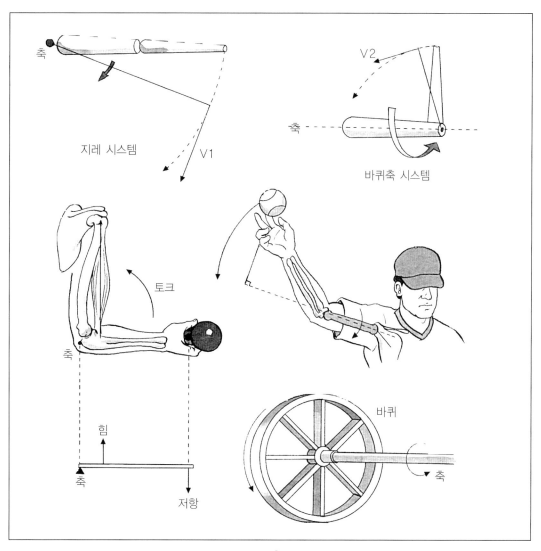

Illust ❸-8

지레 시스템의 경우에는 반경이 크므로 선속도(V1)가 커지지만, 동시에 축으로부터 질량이 멀리 분포되어 있으므로 관성 모멘트가 증가하게 된다. 바퀴축 시스템은 반경이 작아지므로 선속도가 감소하지만, 축의 중심에 질량이 가깝게 분포하게 되므로 관성 모멘트가 작아져 매우 빠른 속도로 회전할 수가 있는 것이다.

두 시스템을 비교할 때, 바퀴축 시스템의 선속도(V2)가 약 2~2.5배 빠른 것으로 나타난다. 즉, 인체 구조상 던지기 동작과 같이 말단 부위의 빠른 속도를 필요로 하는 동작의 경우에는 바퀴축 시스템이 유리하다는 결론이 도출되는 것이다. 바퀴축 시스템에서의 속도의 이점은 축의 반경과 바퀴의 반경 차이에 의하므로 바퀴의 반경이 클수록 더 빠른 속도를 얻을 수 있다.

## 바퀴축 시스템을 이용하는 사례

Illust 3-9와 같이 (a)의 경우보다 (b)의 경우가 반경이 크므로 훨씬 빠른 속도로 라켓을 움직일 수가 있다. 투핸드 백 스트로크를 하는 테니스 선수가 팔과 라켓의 각도를 거의 90도에 가깝게 유지하는 것은 관성 모멘트를 작게 하여 라켓의 속도를 최대한 증가시키기 위함이다.

야구경기에서 타자가 야구 배트를 들고 있는 모습은 참으로 다양하지만, 대개의 경우는 팔과 배트 사이에 70~90도 정도의 각도가 형성되어 있다. 만약에 타자가 배트나 클럽을 팔과 일직선을 유지하면서(즉, 지레 시스템으로) 스윙하게 되면 관성 모멘트가 커지기 때문에 배트의 스윙 스피드는 형편없이 떨어지게 될 것이다.

오버로 투수의 경우에도 팔을 일직선으로 하여 던지는 것같아 보이지만, 실제로는 그림과 같이 바퀴축 시스템에 의하여 팔의 관성 모멘트를 줄임으로써 보다 빠른 속도로 볼을 던질 수 있는 것이다.

Illust 3-10과 같이 골프클럽도 축인 팔뚝의 반경과 바퀴 반경의 차이에 의하여 헤드 스피드를 증가시키게 되는 것이다. 팔과 클럽이 일직선이 되면 지레 시스템이 되어 헤드 스피드가 떨어지게 된다.

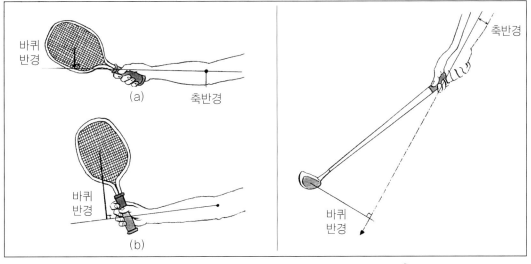

Illust ❸-9                    Illust ❸-10

## 3) 코킹(cocking)의 유지와 각속도의 증가

던지기 동작인 골프 스윙에서는 바퀴축 시스템에 의하는 것이 관성 모멘트를 줄임으로써, 클럽헤드의 각속도(회전속도)를 증가시킬 수가 있음을 알았다. 이를 아래 그림을 통하여 확인해 보기로 하자.

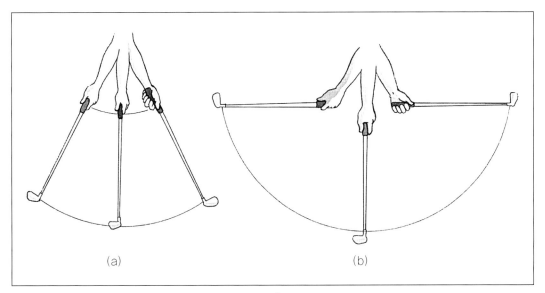

Illust ❸-11

Illust 3-11의 (a)는 지레시스템에 의한 스윙으로서 (b)와 비교해 볼 때, 동일한 시간 동안 팔이 회전한 각도는 같으나 헤드의 이동거리는 바퀴축 시스템에 의하는 경우가 훨씬 크므로 헤드의 속도도 그에 비례하여 증가하게 되는 것이다.

골프 스윙에서 코킹을 하는 경우의 헤드 스피드는 그렇지 않은 경우에 비해 약 1.8배 정도가 된다고 한다. 그러므로 골프 스윙에서는 일정 시점까지 코킹이 유지되어야만 제대로 된 헤드 스피드를 낼 수가 있는 것이다. 코킹이 일찍 풀리면 그만큼 헤드 스피드의 손실이 발생하게 된다.

다음 단계에서는 골프 스윙의 핵심인 코킹이 어떻게 일정 시점까지 유지되며, 어떤 과정을 통하여 임팩트까지 헤드 스피드를 최대로 가져가는지에 대하여 알아보기로 한다.

## 4) 바퀴축 시스템의 타이밍(소위, late hitting)

### (1) 문제의 소재

골프 스윙이 Illust 3-11의 (a)와 같이 지레 시스템으로 되어 있다면 타이밍의 문제는 생기지 않는다. 그러나 바퀴축 시스템에서는 지레 시스템과 달리 손목의 코킹이 일정 시점까지 유지됨으로 인하여 각속도가 증가한다. 그렇다면 임팩트까지 어떻게 타이밍이 이루어지는지 살펴보기로 하자.

### (2) 현상은?

Ⓐ 스윙 반경의 축소

Illust 3-12는 스윙 중 헤드의 움직이는 궤적을 나타내고 있다. 백스윙 시 클럽헤드는 원피스 테이크어웨이에 의하여 반경이 큰 스윙아크를 그리면서 백스윙 탑에 도달하게 되며, 다운스윙 시에는 하체의 회전에 의하여 오른 팔꿈치가 몸에 붙으면서 스윙 반경이 줄어들게 되므로 그림에서 보는 바와 같이 스윙 궤적이 축소된다.

임팩트 이후에는 헤드의 원심력에 의하여 양팔이 펴지므로 스윙 아크는 다시 커지게 된다. 이처럼 다운스윙 시의 스윙 반경은 줄어들지만 팔과 클럽의 관성 모멘트가 감소하기 때문에 결과적으로 헤드의 스피드를 증가시킨다고 하였다.

바퀴축 시스템에서의 타이밍의 문제는 바로 팔과 클럽이 이루는 각도가 커지는 현상, 즉 코킹이 풀리는 타이밍의 문제로 귀결된다. 먼저 코킹이 어떤 과정과 원리에 의하여 풀리게 되는지 알아보기로 한다.

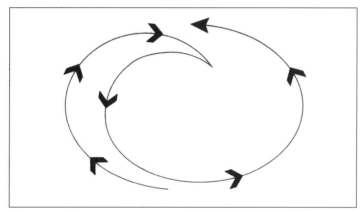

Illust ❸-12

### Ⓑ 운동량의 전달과 원심력

왼발의 지면 접촉으로부터 시작된 인체의 회전은 다리, 히프, 몸통을 거쳐 어깨로 전달되며, 어깨의 회전에 의하여 팔과 클럽이 당겨지면서 회전한다. Photo 3-1은 하체의 회전 움직임에 의하여 팔과 클럽이 당겨진 모습으로 아직까지는 팔과 클럽과의 각도가 90도를 유지하고 있는 상태인데, 이 동작은 골프 스윙에서 가장 핵심적인 부분이다.

분명히 얘기하지만 이때까지 팔과 손은 수동적인 상태로 어깨의 회전에 의하여 당겨진 것임을 알아야 하며, 이 이후로도 수동적인 상태를 유지해야 함은 물론이다. 다시 말하

Photo ❸-1

면 백스윙 탑에서의 코킹 상태는 그러한 상태를 계속 유지하려는 관성에 의하여 다른 외부적 힘이 작용하지 않는 한 어깨의 회전에 의하여 당겨지되, 코킹 상태를 유지하게 되는 것이다.

여기에서 외부적 힘이란 순수하게 인체가 회전하면서 당기는 힘 이외에 손이나 팔에 의해서 추가적으로 가해지는 힘을 말한다. 이러한 추가적인 힘이 작용하게 되면 헤드에 추가 운동량이 전해지므로 헤드의 원심력이 증가하여 코킹이 일찍 풀리게 될 것이다. 그러므로 임팩트 이전에 지레 시스템으로 전환되어 헤드 스피드가 감소하게 되는 것이다. 아마추어 골퍼들의 헤드 스피드가 나지 않는 이유는 바로 이 때문이다. 의식적인 노력에 의하여 어깨나 팔을 이용하여 코킹을 유지하려고 한다거나 손으로 클럽을 끌어내리는 경우, 코킹이 조기에 풀리게 되는 것이다. 몸통과 어깨의 회전에 의하여 수동적으로 당겨졌을 때 코킹은 자연스럽게 유지될 수가 있는 것이다.

사진에서 의미하는 바는 두 가지이다. 첫째는 클럽헤드가 백스윙 탑의 정지 상태로부터 움직이기 시작하여 스스로의 무게와 그 동안 발생한 원심력에 의하여 바깥 방향으로 나가려는 힘이 작용하기 시작한다는 것이며, 둘째는 팔로부터 클럽으로 운동량이 이전하기 시작한다는 것이다. 이 순간부터 코킹이 풀리기 시작한다.

### ⓒ 팔의 감속과 클럽헤드의 가속

Photo 3-1에서의 팔의 위치는 표 1의 P에 해당되는데, 어깨에 의하여 당겨지면서 최대의 속력에 도달한 상태이며, 이때부터 클럽으로 운동량이 전해지면서 팔은 속도가 떨어지기 시작하는 반면, 클럽헤드는 가속화되기 시작한다. Illust 3-13은 다운스윙에서의 손과 헤드의 궤적을 나타내는데, 안쪽의 검은 점이 손의 궤적인 바, 다운스윙 초기에는 빨라지다가 A점을 통과하면서부터 손의 움직임 속도가 현저히 떨어지는 모습을 보여 주고 있다.

이런 상태가 진행되면서 임팩트 순간에 클럽헤드는 최대의 속력에 도달하게 되는데, 이

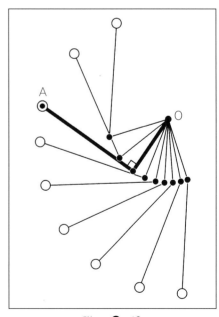

Illust ❸-13

때 팔은 거의 정지 상태가 된다. 팔과 클럽헤드는 움직이는 방향이 동일하므로, '실제 클럽헤드 속도 = 클럽헤드의 속도 - 팔의 속도'가 될 것이다. 따라서 이론상 팔의 속도가 0일 때, 즉 팔이 정지되었을 때 클럽헤드는 최대의 스피드를 갖게 되는 것이다. 프로들이 경험상 "임팩트 순간에 팔을 멈추듯이 하라."는 말은 바로 이러한 현상을 가리키는 것이다. 다시 말하면, 팔이 멈춘 상태에서 클럽이 뒤에서 급격하게 달려와 볼을 치게 되는 것이다.

이상은 운동량의 전달이라는 측면에서 설명하였는데, 인체 역학적으로 팔과 클럽 분절의 상호작용에 의하여 코킹이 풀리는 현상과 팔이 감속되는 모습을 그림을 통해 보기로 하자.

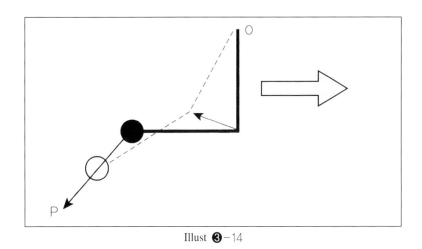

Illust ❸-14

굵은 실선은 팔과 클럽이 90도의 각도를 이룬 채 정지되어 있는 모습이다. 헤드 부분을 바깥쪽으로 당기게 되면, 점선과 같이 손목 부분이 펴지면서 팔 부분은 오히려 뒤로 움직인다. 이것이 바로 코킹의 풀림 현상이다. 그림에서의 당기는 힘 P는 헤드의 원심력이 될 것이다. 그리고 전체 시스템이 앞으로 움직이므로 팔의 뒷방향으로의 움직임은 상쇄되어 감속(slow down)되는 것으로 나타나는 것이다.

❹ '레이트 히팅(late hitting)'에 대하여

레이트 히팅이란 말은 문자 그대로 '늦게 치기', '지연하여 치기'라고 번역할 수가 있겠는데, 아마추어 골퍼들의 코킹이 일찍 풀리는 현상을 교정하기 위하여 코킹을 좀 늦게 풀어야 한다는 의미로 사용되며, 일부 골퍼들은 비거리를 늘이기 위한 기술적 측면에서 이해되기도 하는 것 같다.

실제로 너무 지연하여 코킹을 풀게 되면, 클럽 페이스가 채 스퀘어되기 전에 볼과 접촉하게 되므로 슬라이스가 나게 될 것이다. 그러므로 레이트 릴리스(late release)라고 하는 것이 보다 정확한 표현이다. 릴리스라고 하는 것은 백스윙으로부터 인체와 클럽헤드를 임팩트 시의 위치로 되돌려 놓는 것을 말한다.

레이트 릴리스의 진정한 의미는 지금까지 설명한 바와 같이, 인체의 자연스러운 움직임에 의하여 코킹이 일정 시점까지 유지되는 현상을 말하는데, 올바른 골프 스윙에서의 인체 움직임은 하체가 먼저 회전하고 이 회전력에 의하여 상체가 당겨지는데, 이들 상체와 하체의 회전 사이에는 시간 차이가 있게 된다. 이것이 바로 레이트 릴리스의 본질적인 모습이다.

인체의 역학구조에 따라 인체 분절이 순서에 입각하여 수동적으로 움직이기만 하면 타이밍은 저절로 맞게 되어 있다. 위에서 설명한 부분도 우리 인체의 절묘한 시스템－운동량이나 에너지의 효율적인 전달 시스템－에 의하여 이러한 타이밍 문제가 해결되고 있음을 보여 주고 있는 것이다.

그러므로 타이밍이 맞지 않았다는 것은 크게 두 가지 원인을 생각할 수 있다.

첫째는 인체 분절의 순차적인 움직임이 일어나지 않은 경우일 것이고, 둘째는 수동적이어야 할 손이나 팔 등에 의하여 추가적인 힘이 관여한 경우이다. 후자의 경우에는 다운스윙 초기 오른손이 클럽을 누르거나 당기는 힘을 별도로 제공함으로써, 클럽이 스윙을 주도하여 코킹이 조기에 풀리는 경우이다. 이때는 클럽헤드가 임팩트 전에 최대속력이 되므로 스윙 파워의 손실이 크다. 그리고 코킹된 각도를 최대한 지연시키기 위하여 인위적으로 오른쪽 팔꿈치를 접거나 하는 행위도 스윙 타이밍을 해치기 쉽다. 오른쪽 팔꿈치는 팔이 수동적으로 움직이는 한, 어깨의 당기는 힘에 의하여 제자리를 찾아가게 되어 있다. 자동적으로.

### Ⓓ 3개의 지렛대

팔을 팔꿈치를 기준으로 상하의 두 분절로 나누고, 이에 클럽 분절을 더하면 3개의 지렛대가 된다. 이에 관련되는 축은 어깨, 팔꿈치 및 손목이 될 것이다. 왼팔이 곧게 펴져야 지렛대의 역할을 충실히 할 수 있다는 것이 전통적인 스윙 이론이었으나, 실제적으로 골퍼들의 백스윙 탑에서의 왼팔 형태는 그림과 같이 다양하다. 그러므로 왼팔을 곧게 펴야 한다는 것은 필수 사양이 아니고 선택 사양인 것이다.

| 하나의 지렛대 | 두 개의 지렛대 | 세 개의 지렛대 |

Photo ❸-2

　여기에서 3개의 지렛대 문제는 이미 바퀴축 시스템에서 본 바와 같이 3개의 지렛대인 경우 2개의 지렛대인 경우보다 이론적으로 각속도를 증가시킬 수 있으므로, 헤드 스피드를 추가할 수 있지 않겠느냐의 문제이다.

　이 점에 대해서는 두 가지 면에서 검토할 사항이 있다.

　첫째는 실제적으로도 이론과 같이 비거리를 늘릴 수 있느냐인데, 이에 대한 답은 "그렇다."이다. 다만, 인체의 순차적인 연쇄반응 원칙에 따라 상완이 먼저 가속되다가 전완에 운동량을 전달한 후 감속되고, 다시 전완이 가속되다가 클럽에 운동량을 전달한 후 감속되는 절차를 경료하여야 한다. 그리고 분절이 하나 늘어났으므로 표 1에서 봉우리가 하나 더 추가되어야 할 것이며, 이는 헤드 스피드의 증가로 나타난다.

　둘째는 타이밍의 문제이다. 이는 실제적인 문제로서, 골퍼 자신이 3개의 지렛대 시스템으로 일관되게 연습한다면 관련 근육이나 신경 시스템이 이에 적합하게 형성될 것이므로(이를 '협응구조의 형성'이라고 한다), 이러한 협응구조에 의하여 자연히 타이밍의 문제도 해결될 수 있는 것이다.

그러나 3개의 지렛대 구조는 쇼트 아이언에서는 금물이다. 쇼트 아이언은 파워보다는 정확성이 우선이므로, 왼팔을 경직되지 않은 상태에서 가급적 일직선으로 유지하는 것이 바람직하다. 쇼트 아이언은 백스윙 크기가 작기 때문에 풀스윙에 비해 다운스윙 시간이 짧다. 이렇게 짧은 시간에 팔이 여러 단계를 거쳐 펴진다면 타이밍을 맞추기가 매우 어려울 것이다.

**4**

골프 스윙에 작용하는 힘들(Forces)

# ④ 골프 스윙에 작용하는 힘들(Forces)

전 장에서는 스윙의 본질과 작동구조를 살펴본 바, 이러한 원리와 구조에 의해서만 자연스런 골프 스윙을 구현할 수 있으며, 클럽헤드의 스피드를 극대화할 수 있다는 사실을 알게 되었다. 본 장에서는 이러한 원리와 구조를 가동시키고, 유지시켜 주는 힘의 원천에 대하여 알아보기로 한다.

## 1. 지면반력(ground reaction force)

우리는 내부적으로 생성된 힘, 즉 근육의 수축에 의하여 팔이나 다리를 움직인다. 그러나 이러한 내부적인 힘만으로는 인체의 무게중심을 이동시키지 못한다. 즉, 내부 힘만 가지고는 인체를 이동시키지 못한다는 의미이다. 팔이나 다리 같은 인체 분절의 움직임이 인체를 이동시키는 데 필요한 것은 틀림없지만, 실제 인체 시스템 전체를 움직이는 힘은 외부에서 공급되어야 한다. 이 말은 아주 생소하게 들릴 텐데, 우선 예를 통하여 보기로 하자.

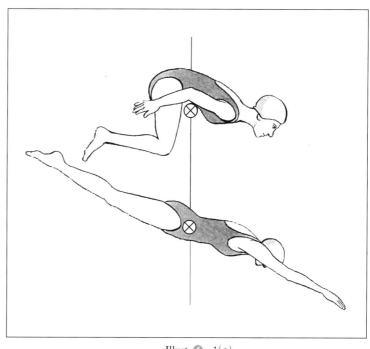

Illust ④-1(a)

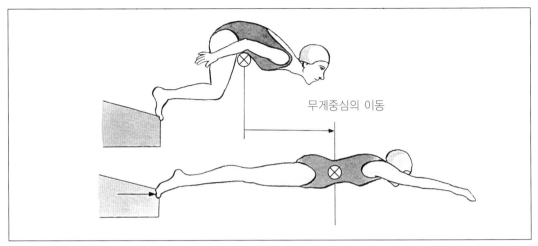

Illust ❹-1(b)

　Illust 4-1의 (a)는 다이빙 선수가 자유낙하하는 장면인데, 낙하 도중 팔과 다리의 위치가 바뀌지만 무게중심은 변하지 않는다. 다만 외부적 힘인 중력의 영향으로 수직 하방으로 움직일 뿐이다. Illust 4-1의 (b)는 다이빙 선수가 발로 보드를 밀면 보드의 반작용력으로 선수를 앞으로 밀어내는 장면이다. 이러한 외부적 힘인 보드의 반작용력에 의하여 선수의 무게중심은 이동한다.

　인체 분절이 외부 물체에 대하여 힘을 가하게 되면 이 물체는 크기가 같고 방향이 반대인 힘을 인체에 가하게 되는데, 이를 반작용력(reaction force)이라 하며, 외부 물체가 지구(earth)인 경우를 '지면반력'이라고 한다(뉴턴의 작용 및 반작용의

Illust ❹-2

법칙). 이러한 반작용력은 외부적인 힘으로서, 인체를 움직이고 이동시키는 힘이다.

높이뛰기 선수가 점프 동작으로 인체를 상방으로 움직인다고 하자. 다리 근육의 수축에 의하여 생성된 내부 힘에 의하여 다리 분절이 굽혀지는데, 지면에 대면하고 있는 발바닥은 하방으로 누르는 힘을 느끼게 될 것이다. 이에 대하여 지구는 크기가 같고 방향이 반대인 힘을 발바닥에 작용시키게 된다. 지구의 밀어내는 힘에 의하여 인체는 상방으로 움직이게 되는데, 이러한 반작용력은 외부적인 힘이다. 이때 인체도 지구를 밀어내게 되지만 지구의 질량이 너무 크므로 지구의 움직임은 무시할 정도로 작을 뿐이다.

걷기나 달리기에서도 알 수 있듯이, 앞으로 나아가기 위해서는 발로 지구를 밀어내야 한다. 그럼으로써 지면반력을 얻어 인체의 무게중심을 이동시켜 앞으로 전진할 수가 있는 것이다. 우리가 무술영화에서 보듯이, 검객들이 높은 담을 넘는 행위는 이러한 지면반력을 이용하는 예이다. 더욱이 검객들이 하늘을 날아다니기 위해서는 담을 넘는 경우보다 수십 배 내지는 수백 배 크기의 지면반력을 지구로부터 얻어야 될 것이다.

Illust **4**-3

지면반력이 없는 경우를 생각해 보자. 인체에 작용되는 외부적인 힘이 존재하지 않는 공중이나 무중력 상태에 있는 인체는 인체 분절이 움직이기는 하지만 인체의 무게중심은 변하지 않는다. 그 자리에서 허우적거릴 뿐이다. 즉, 이동이 없다는 얘기다(Illust 4-3).

골프와 관련되는 문제를 살펴보기로 한다.

아주 미끄러운 얼음판 위에서 드라이버를 친다고 생각해 보자. 우리는 지면반력을 거의 얻을 수 없으므로 무게중심을 이동시킬 수 없으며, 따라서 드라이버도 칠 수 없게 될 것이다.

우리는 벙커 샷 어드레스 시 발을 모래 속에 단단히 고정시키게 되는데, 만약 발을 모래 속에 묻지 않고 그냥 모래 위에서 샷을 한다고 가정해 보자. 발바닥을 통하여 지면을 누르는 힘은 모래가 어느 정도 압축될 때까지 사용되어야 하므로, 지면을 누르는 힘이 약해지게 되고 따라서 지면반력도 감소한다. 이 지면반력이 충분하지 않은 경우 인체의 무게중심을 이동시키지 못하므로, 팔에만 의존하는 스윙이 되어 의도한 스윙 파워에 미달하게 되고 볼을 벙커에서 탈출시키지 못하게 될 것이다.

Photo 4-1은 백스윙 시 발이 지면을 충분히 누르지 못하여, 지면반력을 효과적으로 얻지 못한 채 백스윙이 완료된 경우이다. 초보자의 경우, 백스윙 시 인체를 회전시키지 못하고 팔과 클럽을 위로 들어올리는 경향이 있는데, 이로 인하여 오른발의

Photo ④-1

Photo ④-2(a) 백스윙 시

Photo ④-2(b) 다운스윙 시

지면과의 접촉이 불량하게 되면 지면반력을 얻지 못하게 되므로, 무게중심을 백스윙 축에 이전하지 못하여 원래의 위치에 남아 있거나 백스윙 완료 후 오히려 왼쪽

Photo ④-3

Photo ④-4

으로 이동되어 역피봇 현상이 나타나게 되는 것이다.

전장에서 우리는 인체 분절의 순차적인 움직임에 의하여 헤드 스피드의 극대화를 이룰 수 있음을 보았으며, 이러한 움직임은 인체 분절의 유일한 지면과의 접촉 부위인 발로부터 스윙이 시작되어야 한다는 사실도 알고 있다. 왜 발로부터 시작되어야 하는가에 대한 의문은 지면반력을 이해함으로써 해소되었을 것으로 믿는다. "어드레스에서 양발을 지면에 밀착시켜라." "발을 땅속에 묻었다고 생각하라."는 말은 지면반력의 기능을 말하는 것이다.

지면반력이 실제 골프 스윙에서 실행되는 과정을 살펴보기로 한다. 어드레스 상태에서는 체중이 지면을 누르는 힘과 지구가 인체를 미는 힘이 동일하므로 무게중심은 변하지 않으며, 외부로부터 추가적인 힘이 작용하여야만 무게중심이 이동하게 될 것이다.

우선 백스윙 시 우리 인체는 인체의 중심 부분에 있는 무게중심을 백스윙의 회전축으로 이동시키기 위하여 지면반력이 필요하다. 주로 오른발이 지면을 지그시 누르는 것으로 시작하여 백스윙 중 계속하여 힘을 가하면 무게중심을 회전축에 이동시키는 데 필요한 지면반력을 얻게 되고, 이로 인하여 백스윙이 원활하게 이루어진다. 이러한 동작은 동시에 백스윙의 회전축을 구축하는 기능도 하게 된다. 당장 일어나서 오른발을 지그시 누르면서 백스윙을 해 보기 바란다(Photo 4-2(a)).

그리고 다운스윙 시에는 백스윙 축으로부터 다운스윙 축으로 무게중심을 이동시키기 위하여 지면반력이 필요하다. 다운스윙이 완료되기 전에 이미 왼발이 지면과 접촉하게 되는데, 다운스윙 시에는 백스윙 시보다 큰 힘이 소요되므로 왼발이 지면을 누르는 힘을 크게 하여 지면반력을 증가시켜야 할 것이다. 다운스윙 시 지면반력은 마찰력으로서 왼쪽 사이드를 밀리지 않게 하는 기능뿐 아니라 클럽헤드의 원심력에 대항하기 위한 구심력을 공급해 준다(Photo 4-2(b)).

이제까지 이는 체중의 이동이라는 문제로 설명되어 왔는데, 무게중심의 이동이 정확한 표현이며, 무게중심을 이동시키기 위해서는 외부의 힘, 지면반력이 필요한 것이다.

이 지면반력 문제는 이제까지 골프와 관련하여 소개된 바가 없으나 이는 엄연히 인체를 움직이게 하는 자연의 법칙이며, 이를 인식하고 활용하면 골프 스윙의 완성에 많은 도움이 될 것이다.

지면반력을 얻는 방법과 관련하여 게리 플레이어의 스윙 트리거(trigger)를 소개한다. 그는 어드레스 자세에서 백스윙 직전 오른 무릎을 Photo 4-3과 같이 타깃 방향을 향하여 구부린다. 그의 이유는 임팩트 시의 오른 무릎 위치를 어드레스 자세 때 미리 만들어 놓는다는 설명인데, 백스윙의 시작과 함께 오른 무릎은 타깃의 반대 방향으로 움직이면서 지면반력을 얻는다. 이러한 스윙 트리거는 백스윙을 부드럽게 시작하는 방법인 동시에 스윙의 원동력이 되는 지면반력을 효과적으로 얻는 방법이 되기도 하는 것이다.

이와 비슷하게 지면반력을 얻는 방법에 Photo 4-4와 같은 스쿼트(squat) 동작이 있다. 이는 역도에서 무릎을 굽히면서 웅크리듯이 앉는 동작을 의미하는데, 골프에서는 백스윙 시 오른 무릎을 살짝 구부리면서 앉는 듯한 동작을 취하는 것을 말한다. 이로 인하여 오른발이 지면을 누르게 되므로 지면반력을 얻을 수 있다. 이는 무릎의 높이를 일정하게 함으로써 인체의 무게중심을 낮게 유지하는 한편, 회전축인 오른쪽 다리를 견고하게 하여, 스웨이를 방지할 수 있어 백스윙 시 무릎이 쉽게 펴지거나, 오른 사이드가 약하여 오른발 안쪽이 들리는 경향이 있는 골퍼들에게 권장할 만한 방법이라고 생각한다.

## 2. 마찰력(frictional force)

마찰력은 한 물체가 다른 물체와 접촉한 상태에서 움직이거나 움직이려고 할 때 발생하는 힘으로 움직이는 방향과 반대 방향으로 작용하며, 수직항력에 비례한다. 특히 지면반력은 인체와 지면 사이에 작용하는 마찰력의 크기를 결정하는 데 중요하다.

골프 볼의 백스핀은 클럽 페이스의 마찰력에 의해 발생한다. 그리고 축구나 골프와 같이 미끄러운 잔디에서 이루어지는 스포츠에는 반드시 마찰력을 크게 하기 위한 신발이 필요하다.

## 3. 근육의 성질과 어깨회전

흔히 우리는 백스윙 시 어깨와 몸통을 스프링처럼 비틀어 꼰 다음 다운스윙 시이 꼬임이 풀리는 힘에 의해 스윙이 이루어지는 것으로 알고 있는 경우가 많은 것같다. 이에 의하면 어깨와 등의 근육이 주된 힘의 원천이 되는 것처럼 생각할 수 있는데, 이것은 사실이 아니다.

근본적으로 골프 스윙이 인체 분절의 순차적인 연쇄반응이란 사실이 밝혀진 이상, 어깨와 몸통은 스윙에 관여하는 많은 분절 중의 일부에 불과한 바, 전통적으로어깨와 몸통의 움직임에 의해서만 스윙을 관찰하는 상체 위주의 스윙 개념은 이론적 근거가 없는 것이다. 그렇다면 힘의 주된 공급원은 어디인가? 이를 설명하기 전에 근육의 일반적인 성질에 대하여 알아볼 필요가 있다.

첫째, 근육은 탄성력이 없다. 근육이 일단 늘어났다 하더라도 뇌에서의 수축명령이 없는 한, 계속 늘어난 상태로 있게 된다. 그러므로 어깨의 회전에 의하여 근육이늘어난 상태에서는 힘이 생성된다거나 저장된다는 말은 근육의 성질상 성립되지 않는 것이다. 뼈와 근육을 연결해 주는 건(腱, tendon)의 경우에는 약간의 탄성력이있다고 하나 그 크기가 매우 작으므로 고려 대상이 되지 않는다.

인체가 움직이기 위해서 필요한 힘은 근육의 수축에 의해 생성된다. 예컨대 아령을 들어올리기 위한 힘은 팔 근육의 수축에 의해서 공급되는 것이다. 다운스윙에서의 파워도 근육의 적극적인 수축활동에 의하여 공급되는 것이다.

그 다음 염두에 두어야 할 문제는 근육의 긴장이다. 우리는 두려움을 느낄 때 몸이 긴장되는데, 이는 근육이 수축되는 현상으로 나타난다. '근육이 수축되어 있다.' 는 것은, '근육이 사용되고 있다.' 는 말과 같다. 첫 홀에서의 티 샷이나 중요한 퍼팅시 몸과 마음이 긴장하게 되는데, 긴장 상태가 계속되면 온 몸의 근육이 수축된다.이런 상태에서 드라이버나 퍼팅을 하기 위해서는 이미 사용되고 있는 근육을 강제적으로 스윙에 동원해야 하므로 많은 힘이 필요하게 되며, 이는 다시 근육을 더욱경직시키는 결과를 초래한다. "힘을 빼라."는 것은 스윙에 필요한 근육을 이완시키라는 의미이다.

둘째, 근육의 중요한 성질 중의 하나는 당기기(pull) 기능이다. 근육은 밀기(push)기능이 없다. 물건 들기, 걷기, 달리기, 차기, 던지기 등의 동작은 모두 이러한 근육의 당김(수축)에 의하여 지레 역할을 하는 뼈를 움직임으로써 이루어지는 것이다.

그리고 우리 인체의 근육은 수축됨으로써 관절의 운동을 일으키는 운동근(mover, agonist)과, 운동근과 정확하게 반대되는 역할을 하는 길항근(antagonist)이 서로 협조작용을 통하여 동작을 조절한다고 한다. 예컨대 팔로 아령을 든다고 했을 때, 상완 이두근은 수축하고, 상완 삼두근은 신전되는 경우이다. 어드레스 시 머리를 숙이고 가슴을 움츠리는 경우 앞가슴과 배 근육이 수축되어 이의 길항근인 등 근육은 활동이 제한을 받게 되므로, 몸통의 회전을 방해한다고 한다. 그러므로 어드레스 시 턱을 살짝 들어서 앞가슴과 배 근육을 이완시키면, 등 근육의 활동을 원활하게 해 준다.

셋째, 근육 파워의 상대성이다. 파워(power)는 단위시간당 일의 양을 말하며, '파워(P)=일(W)/시간(t)'으로 표시한다. 그리고 '일(W)=힘(F)×거리(d)'이므로, 'P=F×d/t=F×v'로 나타낼 수 있다. 즉, 파워는 힘과 속도의 곱으로 표시된다.

근육의 파워는 자동차의 변속기어와 같아서, 위 공식에서와 같이 고속기어 상태에서는 속도는 빨라지나 힘은 약해지며, 저속기어 상태에서는 속도는 느려지나 힘은 증가한다. 마찬가지로 큰 근육은 상대적으로 느리게 움직일 때 최대의 파워를 얻을 수 있으며, 반면에 작은 근육은 빠르게 움직일 때 최상의 수행력을 갖게 되는 것이다.

손과 팔 같은 작은 근육을 주로 사용하여 백스윙을 하는 경우, 백스윙이 빨라지는 경향이 있는데, 느리게 움직이는 등 근육을 효과적으로 사용하지 못하는 결과를 초래한다. 백스윙의 속도를 큰 근육의 움직이는 속도에 맞추게 되면, 근육의 효율적인 사용은 물론 자연스런 스윙 동작을 만들어낼 수 있다. 우리 인체는 대부분 큰 근육이 먼저 움직이고, 그 다음에 작은 근육을 움직일 때 가장 자연스럽고 효율적인 동작을 만들어낸다고 한다.

## 4. 스윙 파워는 어디에서 나오는가?

우리 인체는 인체에 외부적으로 작용되는 힘과 내부적으로 근육의 수축에 의하여 생성되는 힘이 합쳐져서 움직이게 됨을 알았다. 여기에서는 골프 스윙에 있어 어떤 근육이 주된 힘의 공급원이 되는지 알아보기로 한다.

인체의 큰 근육이 적절한 속도와 힘을 가지고 수축할 때, 근육 1파운드(약 460g)당 약 1/8마력의 에너지를 생성할 수 있다고 한다. 임팩트 시 헤드 스피드가 150km인 골퍼의 스윙에 있어 헤드와 샤프트, 팔, 몸통 등의 회전에 소요되는 에너지는 약 2마력이 된다고 하는데, 전술한 바와 같이 스윙 동작에 관여하는 운동근과 크기가 비슷하고 방향이 반대인 길항근의 존재를 감안하면, 어림잡아 약 4마력의 에너지가 필요하게 될 것이다. 그러므로 약 4마력의 에너지를 생성하기 위한 근육의 양은 4÷1/8＝32파운드(약 14kg, 23근)가 된다. 성인 골퍼의 경우, 이만한 크기의 근육은 팔과 어깨가 아닌 다리와 히프에서 찾아져야 할 것이다.

골프 스윙은 인체 분절의 순차적인 연쇄반응에 의하여 이루어지는 것이므로, 이에 관여하는 인체 분절들은 각각 하나의 고리(link)로서 중요하다. 다만 스윙에 필요한 대부분의 에너지는 다리와 히프에서 생성되는 것이며, 손과 팔은 이러한 에너지를 전달하는 시스템인 것이다.

사실 다리와 히프는 위에서 설명된 이유로 인하여, 비단 골프뿐 아니라 던지기 동작을 비롯한 모든 분야의 스포츠 동작에서 파워의 원천이 된다. 야구 투수나 타자들이 겨울철에 스키를 많이 타는 것도 바로 파워의 공급원인 다리와 히프의 근육을 단련하기 위함이다.

## 5. 원심력과 구심력

골프에 있어 원심력은 클럽헤드가 스윙 궤도를 벗어나려는 힘으로써, 샤프트를 통하여 손에 작용된다. 구심력은 원심력에 대항하여 클럽헤드를 스윙축인 인체중심으로 당기는 힘으로서 클럽헤드를 가속시키며, 회전운동을 유지하도록 한다.

골프에 있어 원심력은 골퍼가 극복해야 할 주요 힘 중의 하나인데, 원심력과 구심력은 작용과 반작용의 관계임을 우선 알 필요가 있다. 헤드가 스윙 궤도를 이탈하여 직선으로 움직이려는 힘에 대하여 스윙의 축인 인체중심은 이를 이탈하지 못하도록 당기는 힘을 작용시키는 것이며, 이러한 구심력은 다시 클럽헤드에 원심력을 생기게 하는 것이다. 이러한 작용과 반작용의 조화를 통하여 인체의 균형을 유지할 수가 있으며, 클럽헤드를 가속화시킬 수 있는 것이다.

이러한 원심력과 골프 스윙과의 관계는 두 가지 측면에서 고려될 사항이 있는데,

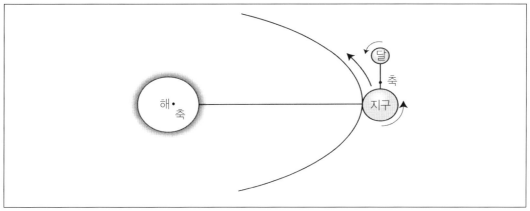

Illust ❹-4

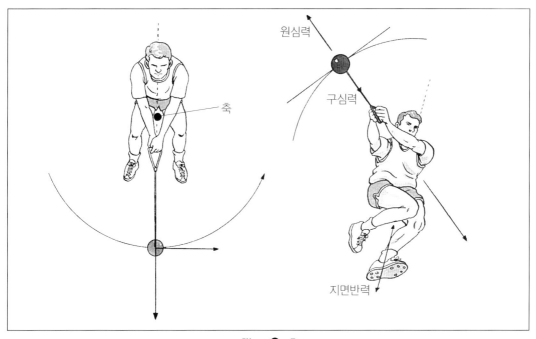

Illust ❹-5

구심력

원심력

Photo ❹-5

이를 해머던지기 선수와 비교하면서 설명하기로 하자.

　두 개의 물체가 연관을 갖고 회전하는 경우에는 서로 원심력과 구심력을 발휘하게 되는데, 학창시절 물리시간에 배운 만유인력의 법칙을 회상해 보자. 지구는 달을 당기며, 달은 지구를 당기면서 돈다. 태양은 지구를 당기며, 지구는 태양을 당기면서 돈다. 다만 태양의 질량이 지구에 비할 수 없이 크기 때문에 두 물체간 무게중심 축이 여전히 태양의 중심 부위에 가깝게 위치하므로 태양은 고정체로 보일 뿐이다.

Ⓐ　해머던지기 동작을 유심히 관찰하면 해머가 선수의 둘레를 도는 한편, 선수도 해머의 둘레를 함께 돌고 있는 것을 알 수 있다. 해머던지기 선수의 경우, 무게중심의 축은 선수의 질량이 해머보다 크므로 선수 쪽에 가깝게 위치할 것이다.

　골프의 경우도 마찬가지이다. 인체가 클럽헤드를 당김으로써 클럽헤드는 인체를 중심으로 회전하는 것이며, 클럽헤드는 인체를 당김으로써 인체는 클럽헤드를 중심으로 회전하는 것이다. 단지 인체의 질량이 클럽헤드에 비해 크기 때문에 두 물체간의 중심축은 인체중심에 매우 가깝게 위치하게 될 것이다. 그러므로 인체의 회전은 육안으로 쉽게 관측할 수 없는 미세한 부분이지만 분명히 회전하고 있으며, 회전해야 한다(Photo 4-5).

이러한 원심력과 구심력의 상호작용에 의한 인체 자체의 회전 움직임은 물리법칙에 따른 자연현상으로서, 스윙 이미지를 형성하는 데 있어 매우 유용하다고 생각한다. 특히 다운스윙 시 상체가 자꾸 앞으로 나가는 경향이 있는 경우, 그 원인을 떠나서 이러한 인체의 움직임을 연상하면서 스윙 연습을 하면 좋은 결과가 있을 것으로 확신한다.

**B** 16파운드의 해머를 빠른 속도로 회전시키기 위해서는 엄청난 양의 구심력이 요구된다.

이를 위하여 선수는 상체를 뒤로 기울이고 발을 대각선으로 뻗어 지면을 힘차게 누르게 되는데, 이에 상응하는 힘을 지구로부터 제공받게 된다. 이 지면 마찰력이 해머던지기 선수의 구심력이 된다. 골프 스윙에서도 마찬가지로 헤드의 회전에 따른 원심력에 대항하여 구심력을 발휘해야 하는데, 앞서 언급한 바와 같이 다운스윙 시 왼발의 누름에 의한 지면반력이 구심력을 제공하며, 이는 다운스윙 시 무게중심이 왼발 뒤꿈치에 실림으로써 달성된다. 다운스윙 골퍼의 자세가 뒤로 기울어져 있는 것처럼 보이는 것은 해머던지기 선수의 자세와 같은 맥락에서 이해될 수 있을 것이다.

# 5

## 축과 회전운동

## 1. 축이론

축이란 회전운동의 중심점 또는 중심선을 말하는데, 골프 스윙에는 두 개의 축이 있다. 하나는 팔과 클럽의 회전중심이고, 다른 하나는 인체 회전축이다.

### 1) 중심축(central pivot)

이는 Photo 5-1과 같이 팔과 클럽의 회전운동의 중심을 말하는데, 스윙 플레인 (팔과 클럽이 움직이는 가상의 평면)에 수직이 된다. 초기에는 회전운동에 있어 축은 움직이지 않는다는 물리법칙에 충실한 나머지, 골프에 있어서도 중심축은 고정되어야 한다고 생각하였던 것 같다. 유럽 투어의 강자인 콜린 몽고메리 선수는 스

스윙 플레인

중심축

Photo 5-1 중심축

Photo 5-2 인체 회전축

윙 시 머리를 움직이지 않는 대표적 케이스이다.

그러나 컴퓨터와 고속촬영기술 도입 이후, 스윙 동작을 분석한 결과 백스윙 시와 다운스윙 시의 스윙 궤도가 다르고, 따라서 중심축도 이동된다는 사실이 밝혀졌다. 아직도 적지 않은 교습가들은 중심축의 고정을 주장하고 있으나, 이는 상체를 가급적 움직이지 않도록 하는 스윙 이미지 면이라면 몰라도 스윙의 연속성과 다이내믹성을 도외시하고 있으며, 인체의 자연스런 움직임을 방해할 소지가 있다고 생각한다.


## 2) 인체 회전축(axis)

### (1) 개념

골프 스윙은 해부학적으로 손, 팔, 어깨, 몸통, 히프, 다리 및 발 등의 인체 분절이 손목, 팔꿈치, 어깨, 척추, 히프, 무릎 및 발목 등의 관절을 축으로 하는 회전운동에 의하여 이루어진다. 이들 분절의 합을 전체로 보았을 때, 이의 축이 되는 가상의 선을 인체 회전축이라 할 수 있다. 골프 스윙에서 축이란 용어를 자주 사용하고 있지만, 이에 대한 개념은 그리 명확하게 정립되어 있지 않은 것 같다.


### (2) 하나의 축? No. 두 개의 축? Yes.

과거에는 스윙의 중심축은 머리요, 인체 회전축은 척추라고 생각해 왔다. 그래서 머리는 움직이지 않아야 되며, 척추를 중심으로 몸통이 회전되는 것으로 알고 있었다. 그러나 최근에는 회전축은 두 개라는 것이 정설로 되어 있으므로 이에 대한 논의는 별 실익이 없는 것으로 생각되고, 두 개의 축에 대한 유명 교습가의 설명으로 대신하고자 한다.

리드베터는 Photo 5-2와 같이 어깨 안쪽으로부터 가상선을 내려 그어 히프 관절 그리고 넓적다리 안쪽을 통과해 내려오는 선이 몸통의 회전동작의 축이 된다고 설명하는데, 축의 개념을 알기 쉽게 나타내고는 있으나, 스윙의 다이내믹성을 반영하지 못한 측면이 있다.

짐 매클린은 "백스윙의 피봇 포인트는 오른쪽 다리이며, 체중의 대부분을 오른쪽 사이드로 이동시키며, 다운스윙 시에는 하체를 수평이동하면서 체중을 왼발로 이동시킨다."고 설명하고 있다. 이는 스윙의 본질─인체 분절의 순차적인 회전운동─에 충실한 설명이나 회전축을 다리 피봇에 한정하고 있어, 백스윙 시 다른 인체 분절의 회전운동의 설명에 미흡한 점이 있다.

## (3) 축의 경합

인체 회전축이 두 개라고 했을 때, 중심축과 함께 무게중심선이라는 것이 또 있다. 이는 우리 인체의 무게중심을 지나는 가상의 선을 말한다. 무게중심선에 대해서는 다음 회전운동과 관련하여 언급하기로 한다.

이 두 개의 축은 어떤 사이인가?

골프 스윙을 바라보는 관찰점에 따라 스윙 플레인에 중점을 두는 입장은 중심축을 주된 축으로 볼 것이고, 인체의 회전운동에 주안점을 두는 입장이라면 인체 회전축이 주된 축이 될 것이다. 이들의 입장을 정리하기 전에 상기할 점이 있다.

앞서 언급된 바와 같이 대부분의 스포츠, 특히 던지기류의 동작에서는 힘의 생성을 근육의 집합체인 다리, 히프, 몸통에 의존하고 있으며, 이들 큰 근육이 동작을 주도하고 작은 근육들은 큰 근육의 움직임에 따름으로써, 동작에 필요한 힘과 속도를 얻을 수 있으며, 아울러 자연스럽고 우아한 동작이 연출된다고 하였다. 힘과 스피드를 요하는 스포츠 종목에서는 인체의 정확한 움직임이 가장 중요한 변인이 되는 것이다.

탁구의 예를 들어 보자. 경기 시작 전, 선수들이 워밍업을 위해서 상대 선수와 가볍게 스트로크를 교환하는 장면을 주의 깊게 보면, 탁구 라켓은 거의 움직이지 않고 선수들의 상체만 좌우로 움직이면서 볼을 치는 것을 알 수 있다. 테니스 서브나 배드민턴 스매싱도 마찬가지이다. 인체의 중심 부위가 먼저 움직이면 이에 따라 라켓은 자동으로 딸려 오는 것이다.

리드베터가 비유했듯이 '강아지 꼬리는 몸통의 움직임에 따라 움직이는 것'이라든가, '채찍은 채찍의 핸들의 움직임에 따라오는 것' 등의 애기도 맥락을 같이 한다.

결론적으로, 골프에 있어서도 인체의 회전동작이 중심이 되어야 하므로 인체 회전축이 중심축에 우선한다고 보아야 할 것이다. 인체 회전축을 중심으로 정확한 회전운동이 이루어지면 중심축 문제도 자연스럽게 해결되는 것이다. 개념상 중심축이 인체 회전축 선상에 있다고 생각할 수 있으며, 중심축은 인체 회전축을 보완하는 개념으로 사용될 수 있다고 본다.

스윙 플레인이라는 개념이 처음 나왔을 때, 골프계에서 획기적인 이론으로 주목을 받았다고 하며, 그 이후에도 많은 교습가들과 프로들이 즐겨 인용하고 있으나 몇 가지 점에서 스윙을 배우는 사람이 그릇된 스윙 관념을 가질 수 있는 소지를 주고 있다. 이제는 웬만한 사람은 다 아는 얘기지만, 백스윙과 다운스윙의 궤도와 플레인이 같지 않으며, 팔과 클럽의 궤도와 플레인도 동일하지 않다는 사실이다. 그럼에도 불구하고 아직 많은 사람들이 팔과 클럽을 일직선으로 유지하려고 애쓰는 모습이라든지, 임팩트 시의 자세를 어드레스와 동일하게 유지하려는 현상들은 스윙 플레인의 정적(static), 외형적 표시 형태로 인한 오해에 기인하는 것이다. 골프 스윙은 매우 다이내믹한 동작이다.

### (4) 축의 구축과 이동

축의 이동은 골프 스윙의 가장 다이내믹한 측면 중의 하나이다. 축의 이동이라고

Photo ⑤-3

하면 보통 체중의 이동을 먼저 연상하게 될 것이다. 그러나 축이나 체중의 이동이란 용어는 우리에게 익숙하여 잘 아는 것처럼 생각되지만, 실제로 실행에 옮기려고 하면 막연해지는 것이 사실이다. 체중이동을 한번 해 보라는 말을 들었을 때, 우리는 잠시 주춤하게 될 것이다. 이는 축이나 체중이동이란 용어가 이론적, 추상적 개념이기 때문이다.

그러므로 축의 이동은 실제적, 현상적 측면에서 파악할 필요가 있다. 이에 대해서는 앞서 소개한 짐 매클린의 축의 개념이 실제 스윙 동작을 수행하는 측면에서 매우 유용하다고 생각하며, 독자들에게도 권하고 싶다.

이미 축의 개념을 자신의 스윙에 도입한 골퍼들은 이 가상의 축을 염두에 두고 스윙을 하게 될 것이다. 그러나 스윙은 어드레스의 정지 상태로부터 폴로스루에 이르기까지 계속적으로 움직이는 다이내믹한 실체이며, 축도 인체의 움직임에 따라 이동한다.

우리는 흔히 백스윙 시에는 오른쪽 벽을 구축하여 스웨이가 되지 않게 하고, 다운스윙 시에는 왼쪽 벽을 튼튼하게 구축하라는 레슨을 접하게 되는데, 벽이 도대체 무엇이며, 벽을 어떻게 구축하여야 하는가에 대해서는 설명이 부족하다. 벽의 정체

(a)

(b)

(c)

Photo ⑤-4 역피봇

에 대해 명확한 개념이 서 있지 않기 때문이다.

골프 스윙은 한 마디로 인체의 회전운동(클럽헤드의 회전이 아님)이므로 축이 반드시 있어야 하는데, 벽이라는 표현은 바로 축의 구축을 의미하는 것이다. 이를 벽이라고 표현함으로써, 많은 골퍼들이 벽의 실체를 모르는 상태에서 벽을 쌓기 위해서 불필요한 힘이 들어가고, 이렇게 쌓은 벽은 인체의 움직임을 제한하는 경우가 많은 것 같다. 벽을 쌓는 것이 아니고 축을 구축하는 것이라고 생각해야 한다. 그럼으로써 이 축을 중심으로 인체가 자유롭게 회전하게 되는 것이다.

스윙축의 구축(벽을 쌓는 것)은 한 마디로 인체의 무게중심을 가상의 회전축으로 옮겨놓는 과정이라고 말할 수 있는데, 그 과정을 살펴보기로 하자. 어드레스 상태에서는 아직 축이 설정되었다고 볼 수 없으나, 경사면이나 벙커와 같이 어려운 라이에서는 어드레스 시 미리 축을 설정할 수 있을 것이다.

백스윙 시에는 오른발이 지면을 누르는 동작에 의하여 지면반력을 얻고, 무게중심을 회전축으로 이동시킴으로써 백스윙 축이 형성되며, 다운스윙 시에도 마찬가지로 왼발이 지면을 누르는 동작에 의하여 지면반력을 얻어 무게중심을 회전축으로 이동시킴으로써, 새로운 축을 구축하게 되는 것이다(Photo 5-3).

## 축의 역전(逆轉) - 역피봇

*Golf*

역피봇 현상은 아마추어 골퍼들의 가장 흔한 에러이다. 더욱이 역피봇 현상은 스윙의 축에 대한 문제이므로 가장 근본적인 에러라 할 수 있으나, 역피봇에 대한 이해 부족으로 레슨 현장에서도 소홀히 취급되고 있는 것 같다. 역피봇에 대한 해결이 우선되지 않으면 다른 어떤 레슨도 먹히지 않는다는 사실을 깨달아야 한다. 역피봇 문제만 해결되면 다른 스윙 에러는 쉽게 고쳐질 것이다.

스윙축은 백스윙 시 오른쪽으로, 다운스윙 시에는 왼쪽으로 이동한다고 하였다. Photo 5-4의 (a)와 같이 이러한 축의 이동이 반대로 되는 경우를 '역피봇(reverse pivot)'이라 한다. 역피봇은 백스윙 시 무게중심이 왼쪽으로 이동하는 현상이다. 그리고 무게중심이 왼쪽으로 이동하였다 함은 체중의 51% 이상이 왼쪽으로 치우쳤다는 의미이기도 하다. 이의 원인은 백스윙을 지나치게 크게 하여 팔이나 상체가 타깃 쪽으로 이동하거나, 클럽을 타깃 반대 방향으로 스윙하지 않고 그냥 들어올리는 경우, 무릎이 펴지면서 상체나 히프가 타깃 쪽으로 이동하였기 때문이다.

역피봇이 된 상태에서 다운스윙을 하기 위해서는 무게중심을 오른쪽으로 원위치시킨 후 왼쪽으로 다시 이동시켜야 하는데, 타이밍이 맞지 않을 것이므로, Photo 5-4의 (c)와 같은 스윙이 되고 만다. 아니면 무게중심을 왼쪽에 그대로 둔 채 그대로 다운스윙을 하는 경우가 있는데, Photo 5-4의 (b)와 같이 어깨 너머로 클럽을 바로 내리칠 수밖에 없게 된다(swing over the top). 이 경우 아웃사이드인의 스윙 궤도가 되면서 스윙 궤도가 매우 가파르게 형성된다. 가파른 스윙 궤도로 인하여 볼은 클럽 페이스의 윗부분에 접촉하게 되므로, 볼은 힘없이 높이 뜨게 된다(소위, sky ball).


## (5) 이론적 축이론

위에서 언급된 개념을 바탕으로 하여, 이론적 축을 구성해 보고자 한다. 이러한 축의 개념은 스윙 이미지 구축에 매우 중요하다. 왜냐하면 아무 생각 없이 클럽을 회전시키는 것보다는, 인체를 회전축을 중심으로 회전한다는 생각은 우리 뇌에 동작의 근거를 제공해 주기 때문이다. 이 근거(스윙 이미지)에 따라 뇌는 적절한 동작을 팔과 다리에 지시할 수 있게 되는 것이다.

인체 회전축은 중심축으로부터 시작되어, 인체를 전체적으로 지탱해 주고 히프의 회전축이 되는 히프 관절을 지나 무릎 관절의 안쪽을 거쳐 발의 안쪽에 위치해야 한다(기저면 참조). 이렇게 보면 회전축은 지면에 대하여 수직이 아닌 경사선으로 표시된다. 왜냐하면 회전축이 지면에 수직이 아닌 경사선이 되어야 무게중심을 기저면 내에 유지할 수 있기 때문이다. 스윙 시 무게중심이 기저면의 가장자리에 위치하게 되면 균형상 문제가 발생한다.

이러한 경사축을 중심으로 백스윙을 완료하면 야구 투수의 와인드업 자세와 같이 체중의 대부분이 오른쪽 다리에 옮겨진 상태에서 바로 앞으로 튀어 나아갈 듯한 준비자세를 느끼게 해 준다. 다운스윙 시에는 스윙 파워의 근원지인 히프가 큰 범위로 수평이동을 하게 되는데, 짐 매클린은 이러한 수평이동(lateral movement)의 존재가 두 개의 축이론의 근거가 된다고 한다.

지금까지 서술한 축의 이론을 실제 스윙에 적용하기 위해서는 짐 매클린의 견해에 따른 실제 스윙의 현상적인 면을 기본으로 하면서, 이론적인 면을 적절히 조화시킬 수 있는 지혜가 필요하다고 생각한다.

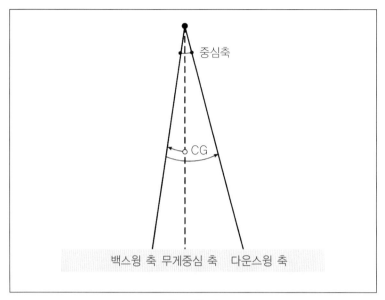

중심축

CG

백스윙 축 무게중심 축 다운스윙 축

Illust ⑤-1

## 축과 볼의 위치

**G Jf**

골프 스윙은 클럽헤드의 회전운동이며, 회전운동에는 반드시 축이 필요하다. 다운스윙의 축이 Illust 5-1과 같다면, 스윙축과 지면이 만나는 점이 헤드의 최저점이자 헤드 스피드가 최대에 도달하는 점이 된다. 보통의 샷은 볼을 먼저 쳐야 하므로 최저점의 바로 뒤가, 드라이버는 올려쳐야 하므로 최저점의 바로 앞이 볼 위치가 될 것이다. 짧은 피칭의 경우에는 백스윙 축과 다운스윙 축이 매우 가깝게 접근되어 있기 때문에 하나의 축이라고 생각할 수 있으며, 그것은 인체의 무게중심선과 거의 일치할 것이다.

그러므로 볼 위치는 스탠스의 중앙이나 바로 뒤가 될 것이다. 치핑은 볼을 굴리기 위해서 가파른 다운스윙이 이루어져야 하므로(descending blow), 축보다 뒤쪽, 즉 오른발 앞쪽에 볼을 두어야 한다.

## 2. 회전운동

앞에서 우리는 회전운동의 축에 대해서 알아보았다. 여기에서는 축을 중심으로 우리 인체가 어떻게 회전운동을 수행하는지 살펴보기로 한다.

### 1) 관성 모멘트(rotational inertia, moment of inertia)

관성 모멘트는 골프 스윙을 포함한 모든 회전운동의 핵심이 된다. 골프 스윙에서 이의 의미는 관성 모멘트가 크면 스윙에 많은 힘이 소요되며, 관성 모멘트가 작으면 스윙에 대한 저항이 감소하여 스윙이 용이하게 이루어지고, 헤드의 스피드를 증가시킬 수 있다는 것이다.

공식으로는 '관성 모멘트($I$)＝질량($m$)×회전반경의 제곱($k^2$)'으로 표시되는데, 이러한 관성 모멘트의 크기는 다음과 같은 요소에 의하여 결정된다.

Ⓐ 질량 : 질량이 커지면 관성 모멘트가 증가한다.
Ⓑ 질량의 분포 : 질량이 축으로부터 멀수록 관성 모멘트가 커진다.

관성 모멘트에 대한 이해를 돕기 위하여 몇 가지 감초(甘草) 사례를 들어 보기로 한다.

Illust 5-2(a)에서 줄에 달린 공이 초당 축 주위를 1회전한다고 하고, 그의 회전 반경은 2m라고 하자. 반경을 1/2로 줄이면 관성 모멘트는 1/4로 감소하므로, 초당 4회전을 하게 될 것이다. 즉, 각속도가 4배가 된다.

Illust 5-3을 비교했을 때, (a)의 경우 신체의 질량이 회전축 주위에 집중되어 있으므로, (b)와 비교하여 4~5배 정도로 빨리 회전할 수 있게 된다. 그러므로 10m 높이에서 다이빙했을 때, (a)는 약 4~5회 회전하는 동안, (b)는 크게 1회전만 한 후 입수하게 될 것이다.

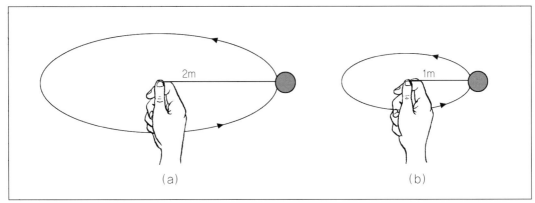

Illust ❺-2

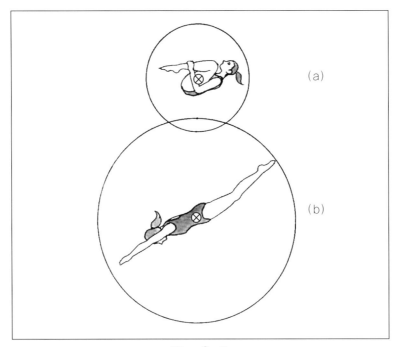

Illust ❺-3

　피겨 스케이트 선수들이 제자리에서 빠른 속도로 회전하는 장면은 관중들로부터 많은 박수를 이끌어내는 묘기에 해당하는 동작인데, 그 원리는 간단하다. Illust 5-4(a)의 피겨스케이트 선수는 인체의 질량을 회전축인 장축에 모음으로써 관성 모멘트를 감소시켜 빠르게 회전할 수 있는 것이며, 회전을 감속시키기 위해서는 (b)와 같이 인체 분절을 축으로부터 멀리 재분포시킴으로써, 관성 모멘트를 증가시키면 된다.

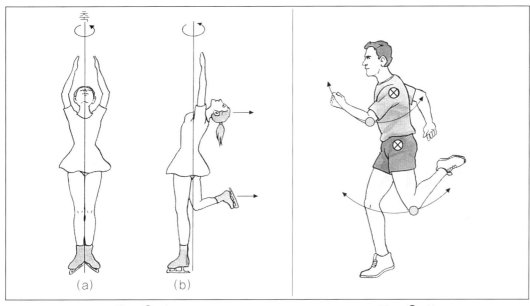

Illust ❺-4                    Illust ❺-5

Illust 5-5와 같이 달리기 선수는 팔꿈치 관절 및 무릎 관절을 이용해서 팔과 다리를 구부리면 회전축인 어깨 관절과 히프 관절 주변에 질량이 모이기 때문에 팔과 다리의 관성 모멘트를 줄일 수 있으므로, 팔과 다리를 움직이는 것이 쉬워져서 더 빠르게 달릴 수 있는 것이다.


## 2) 인체 분절의 회전에 의한 재배치

앞서 잠깐 언급했듯이, 체중이동이란 말은 다소 막연한 개념이다. 보통의 경우 체중이동을 하다 보면 회전보다는 옆으로의 이동을 생각하여 스웨이(sway)가 많이 생기는 것 같다. 운동 역학적인 관점에서 체중이란 용어는 지구가 우리 인체를 당기는 힘, 또는 지구를 당기는 인체의 힘으로 항상 지면을 향하여 아래 방향으로 작용한다. 그러므로 체중은 성질상 이동하는 것이 아니다. 무게중심의 이동이라고 하는 것이 정확한 표현이다.

인체 분절의 회전이동(위치가 변한다는 의미)으로 인한 질량의 재배치라는 개념이 구체적이고 이해하기 쉽다. 그림과 같이 어드레스 시와 백스윙 시 어깨의 위치를 비교해 보면 의미를 이해할 수 있을 것이다. 왼쪽 어깨를 오른쪽으로 90도 회전시킨다, 또는 오른 어깨를 시계 방향으로 90도 회전시킨다라는 식이다. 다시 말하면, 스윙이란 인체 분절의 회전이동에 의한 질량의 재배치 과정이라고 표현할 수 있다.

Photo ⑤-5

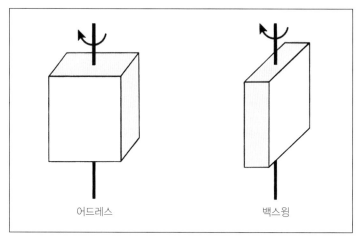

Illust ⑤-6

## 3) 골프 스윙의 회전운동

### (1) 백스윙

일반적으로 백스윙(또는 와인드업)의 목적은 두 가지로 생각할 수 있겠는데, 첫째는 인체를 타깃의 반대 방향으로 회전시킴으로써, 다운스윙 시 인체를 최대한 빠르게 가속시킬 수 있게 해 주며, 둘째는 방향성을 좋게 하는 것이다. 이러한 백스윙은 각각의 인체 분절의 회전에 의해서 이루어진다.

골프 스윙에서의 백스윙은 가상의 회전축을 중심으로 인체가 회전운동을 하게 되는데, 관성 모멘트를 작게 하여 회전을 용이하게 하려면, 회전축 주변에 인체의 질량이 밀집되도록 해야 한다. Illust 5-1과 같이 어드레스 시의 무게중심선을 백스윙 회전축으로 옮긴다고 생각하면 이해하기 쉬울 것이다.

이때 각 인체 분절은 발목, 무릎, 히프 등의 축을 중심으로 회전하면서 가상의 회전축에 질량을 모으게 되는데, 이것이 어떠한 순서로 진행되는지 알아보기로 한다.

먼저 발바닥이 지면을 밀면서 외부적인 힘인 지면반력을 얻게 되고, 이 힘에 의하여 인체 전체가 회전하면서 가상의 회전축 주위에 인체의 질량을 모으게 된다.

Photo ⑤-6

그 다음 인체 분절의 움직임을 살펴보면, 인체 구조상 무릎이 굽혀진 상태에서 발목과 무릎을 축으로 회전하던 다리가 멈추고, 이어서 히프 관절을 축으로 회전하던 히프가 멈추게 된다. 이때 몸통, 어깨, 팔은 가상의 축을 중심으로 계속 회전하게 된다.

백스윙 초기 이러한 하체의 회전과 멈춤은 백스윙 축을 조기에 구축하는 역할을 하므로, 상체의 회전을 용이하게 해 준다. "백스윙 시 하체를 고정하라."는 말이 있는데, 실제로 하체는 회전하다가 바로 멈추는 것임을 알아야 한다. 하체의 회전과 멈춤 움직임은 순간적으로 발생하기 때문에 마치 고정되어 있는 것처럼 보일 뿐이다. 이러한 현상을 모르고 하체를 고정하기 위해서 양다리에 의식적으로 힘을 주게 되면, 인체가 경직되어 스윙을 제대로 할 수 없을 것이다.

Photo 5-6은 스윙 시 각 인체 분절의 회전 순서와 회전 크기를 표시한 것이다. 각 번호는 회전하다가 멈추는 순서를, 화살표의 길이는 회전의 크기를 나타낸다. 백스윙 초기 사진상 ①, ②, ③에 해당하는 분절이 가상축을 중심으로 회전하다가 멈춤으로써, 백스윙 축을 구성하며, ④, ⑤는 이 축을 중심으로 회전을 계속하여 백스윙을 완성하는 것이다. 다운스윙 시에도 백스윙 때와 같은 순서에 따라 동일한 과정을 반복한다.

그리고 대개의 주말 골퍼들이 어깨의 회전에는 많은 신경을 쓰는 반면, 히프의 회전에는 별로 관심을 두지 않는 경향이 있는데, 다음과 같은 이유로 실제 스윙에 있어서는 히프의 회전이 더욱 중요하다고 생각한다.

히프는 질량이 매우 크므로 이의 이동은 회전축의 질량을 모으는 데 크게 기여한다.

히프의 회전과 멈춤은 하체를 조기에 고정시켜 스웨이를 방지하는 한편, 무릎의 펴짐을 억제하여 인체의 무게중심이 낮게 유지될 수 있도록 해 준다.

그렉 노먼은 이를 가장 잘 실천한 골퍼로서, 그의 저서에서도 이를 강조하고 있다. 그는 어드레스에서 오른쪽 히프가 뒤로 이동하는 것(RHB, right hip back)을 생각하면서 스윙을 시작한다고 한다(Photo 5-7).

그리고 백스윙과 관련한 인체의 움직임을 몇 가지 살펴보기로 하자.

백스윙 전에 머리를 오른쪽으로 이동시켜 놓는 방법이 있는데, 이는 척추의 회전을 용이하게 해 주는 효과가 있어 많은 프로들이 이 방법을 즐겨 사용한다. 이는 백스윙 시 필연적으로 움직이게 되는 머리를 미리 회전축에 가깝게 위치시켜 놓는 것인데, 머리의 무게에 상당하는 질량이 이미 회전축에 근접되어 있으므로, 그만큼 관성 모멘트를 감소시켜 백스윙을 수월하게 해 준다.

테이크어웨이 시 어깨, 팔, 클럽이 삼각형을 유지하면서 함께 움직이는 것이 보통인데, 이들의 위치 변경에 의하여 회전축에 질량을 모으게 된다. 이때 팔과 클럽을 몸통에 가깝게 위치시키면 관성 모멘트를 줄일 수 있다. 팔과 클럽을 몸에서 분리시키면 질량 일부가 인체중심에서 멀리 분포되므로, 관성 모멘트가 커져서 움직이는 데 더 많은 힘을 필요로 하게 될 것이다. 특히 양팔에 긴장이 많이 생긴다.

Photo 5-6에서 그림상에서 보듯이 백스윙 시 인체의 수평이동이 관측되는데, 이는 주로 질량이 큰 히프의 회전이동에 의하게 된다. 여기에서 유의할 점은, 수평이동의 폭인데 인체의 무게중심선(배꼽 근처)에서 회전축이 지나는 히프 관절까지는 10~15cm 정도에 불과하므로, 외부에서 보았을 때 수평이동은 쉽게 관측되지 아니한다. 그러나 이동 폭은 작지만 분명히 수평이동은 이루어져야 한다.

왜냐하면 오른 히프 관절은 수평이동 후 바로 원래의 위치보다 뒤쪽으로 이동하게 되므로, 여기에서 수평이동을 생략하면 질량이 회전축의 뒤쪽으로 이동하는 결과가 되므로 Photo 5-8과 같이 역피봇이 되기 쉽다. 반대로 수평이동만 있는 경우에는 Photo 5-9와 같이 스웨이가 된다. 즉, 히프의 수평이동은 회전운동과 동시에 진행되어야 하는 것이다.


## (2) 다운스윙

다운스윙도 마찬가지로 백스윙의 회전축에 밀집되어 있던 인체 질량을 새로 구축되는 다운스윙 축으로 재배치시키는 과정인데, 다리부터 시작하여 히프, 몸통, 어깨 등의 순으로 회전하게 될 것이다. 이때에도 물론 히프의 이동이 가장 중요한 역할을 하게 된다. 다음의 사진과 같이 다운스윙 시의 수평이동은 약 20~30cm에 이르게 되어 외부에서 쉽게 관측될 수 있는데, 백스윙 시에는 수평이동의 폭이 작아 백스윙의 시작과 함께 상체가 바로 회전된다는 느낌이나 다운스윙에 있어서는 수평이동의 폭이 큰 만큼 상체 회전이 어느 정도 지연된다.

골프 스윙의 파워는 다운스윙 시 히프의 '수평이동＋회전운동'에 의하여 생성되는 것이다. 이 부분의 움직임이야말로 골프 스윙에서 가장 강력한 움직임이며, 장타의 비결인 것이다.

Photo ⑤-7

## (3) 배꼽으로 친다

왕년에 초장타자였던 로베르토 디 빈센조 선수는 "볼을 위(胃)로 친다."고 하였다. 그가 임팩트 지역에서 볼을 칠 때, 몸통이 움직이는 느낌을 그렇게 표현한 것이

Photo ⑤-8 역피봇          Photo ⑤-9 스웨이

라고 생각되는데, 이 책에서 주장하는 인체 중심 부위의 회전으로 인한 스윙 파워의 생성과 일치한다. 이 말은 빈센조 선수의 스윙 비법이라고도 할 수 있겠는데, 그야말로 스윙의 핵심을 군더더기 하나 없이 명쾌하게 표현했다고 생각한다.

이를 우리말로 표현하면, "배꼽으로 친다.", "단전으로 친다." 정도가 될 것인데, 이 책의 부제목을 붙인다면 단연 이것이 될 것이다.

**6**

# 균 형

# Golf 6 균 형

균형(balance), 평형(equilibrium)의 의미는 스포츠 동작에서 그 의미 이상의 중요성을 내포하고 있다. 인체의 동작 수행 시 다른 동작에 우선하여 적용되기 때문이다. 자신이 생각하기에도 스윙 폼은 좋은데, 정확한 타격이 이루어지지 않는 경우가 있을 것이다. 골프에서의 제1의 적(敵, enemy)은 근육의 긴장인데, 심리적 요인으로 인한 경우를 제외하면 대부분의 경우 균형의 상실로 인한 스윙에 불필요한 근육의 긴장이 원인이 된다. 셋업과 같이 정지되어 있는 자세와는 달리 빠르게 이루어지는 스윙 속에서 균형상 문제를 찾아내기는 쉽지 않다. 그러므로 균형의 문제는 골퍼들에게는 보이지 않는 도전이 된다.

본 장에서는 균형의 의미를 폭넓게 이해하는 기회를 갖고자 하며, 골프 스윙에 있어 균형과 관련되는 문제들을 다루고자 한다.

## 1. 균형의 의미

### 1) 균형, 평형, 안정성

균형 또는 평형은 일정 시간 동안 인체의 움직임을 제어 또는 조절(control)하는 것을 의미한다. 즉, 특정 동작의 수행을 위해서 인체의 평형 상태를 조절하는 과정이다. 안정성(stability)은 평형 상태를 방해하는 요인에 대하여 인체가 저항력을 행사하는 것을 말한다. 안정성이 클수록 평형을 방해하는 힘에 대항하여 많은 저항력을 발휘할 수 있다.

## 2) 무게중심(COG, center of gravity)

인체에 작용하는 지구의 중력은 인체의 무게중심에 집중된다. 무게중심은 운동 역학적으로 인체에 작용하는 회전력의 합이 0이 되는 점을 말한다. 무게중심은 동일한 위치에 머물러 있는 경우가 극히 드물고, 인체 위치가 조금만 바뀌어도 인체 질량이 재분배되어 무게중심 위치가 바뀌게 된다. 그림을 보면 무게중심의 개념을 쉽게 이해할 것이다.

Illust **6**-1

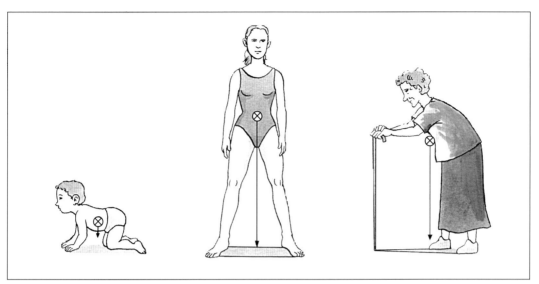

Illust **6**-2

기저면
(a)

새로운
기저면

원래
기저면

(b)

기저면 (c)

Illust **6**-3

## 3) 기저면(基底面, base of support)

인체 분절이 힘을 작용시키는 접촉면에 의하여 둘러싸인 면적을 말하는데, 안정성을 요하는 스포츠에서는 매우 중요하게 다루어지는 개념이다.

이를 이해하기 위해서는 스핑크스의 수수께끼 이야기를 상기하면 간단히 해결된다. 아침에는 네 발, 점심에는 두 발, 그리고 저녁에는 세 발로 걷는 것은? 답은 바로 인간이다. 아기 때는 근육이나 균형감이 형성단계에 있기 때문에 손과 무릎을 지면에 대고 기어다님으로써 균형을 유지하기 위한 충분한 기저면을 확보한다. 노인들은 허리가 굽어 무게중심선이 기저면 가장자리에 위치하게 되므로 인체를 앞으로 넘어뜨리려는 회전력이 작용하게 되는데, 지팡이를 사용함으로써 기저면을 넓게 할 수 있는 것이다.

이러한 기저면은 인체의 무게중심선이 기저면 내에 위치하면 안정성을 유지할 수 있으며, 기저면의 가장자리를 벗어나 위치하게 되면 인체가 균형을 상실하게 된다는 의미를 내포하고 있는 것이다.

Illust 6-3(a)의 역도 선수는 기저면을 확보하기 위해 발을 전후로 넓게 벌리고 있다. 그러나 기저면이 좌우로는 좁게 형성되어 있으므로, 안정성을 높이기 위해 무게중심을 낮춘 모습이다.

(b)는 서 있는 상태에서 균형을 유지하고 있으나 몸을 앞으로 움직여 무게중심이 기저면을 벗어나자 오른발을 앞으로 내밀어 새로운 기저면을 만들면서 균형을 유지하는 모습이다. (C)는 단거리 선수의 출발 준비자세이다. 무게중심선이 기저면 가장자리에 위치하여 불안정한 모습이다. 그러나 이는 목표를 향하여 몸을 바로 움직일 수가 있으므로 출발을 용이하게 해 준다.

투기종목에서의 적용 예를 살펴보자.

씨름이나 유도, 레슬링에서 자주 구사되는 다리걸기 기술은 상대 선수의 한쪽 다리를 지면에서 떨어지게 함으로써 기저면을 좁게 만들면, 적은 힘으로도 쉽게 넘어뜨릴 수가 있는 것이다. 레슬링의 빠떼루 자세에서 상대방 선수가 공격을 개시하면 수비하는 선수는 바로 매트 바닥에 엎드림으로써, 기저면을 최대로 하여 안정성을 크게 확보한다.

기저면이 넓으면 안정성은 증가하나, 활동성은 감소한다. 태권도 선수가 상대 선수를 공격하기 위해서는 안정성보다는 보다 많은 활동성이 요구되므로, 기저면을 좁게 유지할 필요가 있다. 축구 골키퍼도 좌우 어느 방향으로든지 재빨리 움직일 수 있도록 두 발을 모아 기저면을 좁게 한다.

## 골프 스윙에서의 무게중심과 기저면

보통 스윙에 있어 무게중심은 Photo 6-1과 같이 이동하되, 무게중심이 기저면 내에 유지되어야 한다. 골프에서 발의 안쪽에 체중을 두어야 한다는 말은, 사진과 같이 무게중심선이 기저면 내에 위치하여야 균형을 유지할 수 있다는 의미인 것이다.

골프의 셋업 자세가 앞으로 일어날 스윙의 50%을 책임진다면, 나머지 50%는 동적 균형(dynamic balance)을 유지하는 것이다. 동적 균형은 스윙 중 인체의 무게중심이 오른발 안쪽에서 왼발 안쪽 사이를 자유롭게 이동하되, 균형을 잃지 않는 것을 말한다.

Photo 6-1

골프 스윙의 원리와 동적 균형과의 관계를 파악해 보자.

백스윙 시 무게중심은 오른발의 안쪽까지 이동하게 되는데, 인체의 상당 부분이 오른쪽으로 치우치면서 균형을 위협받기 직전, 인체는 보다 안정된 균형 상태를 회복하기 위해 왼발 쪽으로 무게중심을 이동시키려는 움직임이 나타나는데, 이것이 바로 다운스윙의 시작이 된다. 결국 스윙 동작의 수행은 기저면 내에서 얼마나 원활하게 무게중심을 잘 이동시키는가의 문제라고 할 수 있다.

그리고 인체의 축이 경사선이 되어야 무게중심을 기저면 내에 잡아둘 수 있으며, 그 다음 동작인 다운스윙 시 무게중심을 원활히 이동시킬 수 있다는 사실을 상기할 필요가 있다.


## 2. 인체의 밸런스 기능


### 1) 밸런스 없이 동작 없다

인체의 밸런스는 서기, 걷기, 달리기 등 우리의 일상 동작뿐 아니라 특정 스포츠 동작의 전제가 된다. 즉, 밸런스를 유지하는 범위 내에서 동작이 수행된다는 의미이다. 어떤 동작을 수행하는 도중에 균형이 무너지면 밸런스 기능이 작동되어 원래의 동작 수행이 지장을 받게 되므로, 우리의 동작은 밸런스 기능에 의하여 제한을 받는다고 말할 수 있다.

이를 가장 이해하기 쉬운 예는 '외나무다리 건너기'일 것이다. 처음에는 균형을 잡기 위하여 다리를 건너지 못하고 있다가, 어느 정도 균형을 잡으면 조금씩 발자국을 옮겨갈 것이다. 그러다가 균형을 잃으면 다시 균형을 잡을 때까지 다리 건너기는 중단될 것이다.

이러한 밸런스 기능은 우리가 생각하는 것보다 훨씬 막강하다. 그 이유는 밸런스 기능이 우리가 모르는 사이에 무의식적으로 발휘되기 때문이다. 다시 말하면 밸런스 기능이 두뇌에 의한 의식적인 작용과 함께 소위 반사신경에 상당 부분 의존한다는 얘기다. 스포츠 선수들은 본능적으로 신체의 균형을 유지하는 것처럼 보인다라는 얘기는 이러한 밸런스 기능의 속성을 말해 준다 하겠다.

여기에서는 밸런스 기능이 작용되는 예를 살펴보고, 인체의 밸런스 기능을 담당하는 인체 시스템에 대하여 알아보기로 한다.


## 2) 밸런스 기능의 작동 – 작용과 반작용

인체의 밸런스 기능은 운동 역학적으로 작용과 반작용의 형태로 나타나는 경우가 많다.

잠시 책을 덮어두고 일어나서 왼쪽 발로만 서 본다. 그 다음 두 팔을 앞으로 뻗는다. 이때 우리가 모르는 사이에 원하지도 않았던 오른쪽 다리가 팔을 뻗은 방향과 반대 방향으로 뻗어져 있음을 알 수 있다. 이것이 바로 인체의 밸런스 기능이다. 팔이 몸 앞으로 위치를 변경함에 따라 질량의 재분배가 일어나 무게중심선이 기저면의 앞쪽으로 이동하게 되므로, 인체의 균형 상태를 위협하게 된다. 이에 대한 반작용으로 오른쪽 다리의 일부 질량을 반대 방향으로 이동시켜 질량을 다시 재분배함으로써, 무게중심선을 기저면 안에 두게 되는 과정이다.

또 하나의 재미있는 예가 있다. 벽에 가깝게 기대어 서 본다. 벽에 몸이 닿지 않게 하면서 두 손으로 발등을 잡아 보자. 상체의 질량이 앞으로 이동되는 과정에서

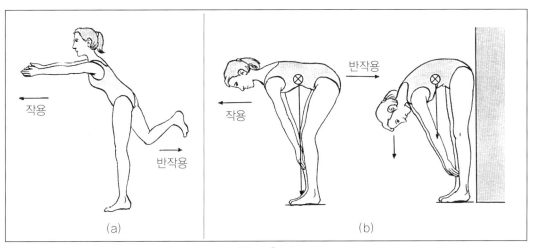

Illust **6**-4

무게중심선이 기저면을 벗어나 인체는 지구의 당기는 힘에 의하여 발을 축으로 하는 회전력을 갖게 된다. 자연스런 상태에서 동일한 동작을 취할 때는 그림과 같이 작용과 반작용에 의하여 밸런스를 쉽게 유지한다.

골프 동작에서 작용·반작용의 법칙에 의하여 인체의 균형이 유지되는 경우를 알아보자. 어드레스 자세를 취할 때 우선 머리와 얼굴, 팔, 손 및 클럽이 몸 앞으로 나오게 되므로, 몸 전체의 균형을 유지하기 위해서는 엉덩이 부분이 몸의 뒤쪽으로 빠져야 하지 않을까? 이것이 어드레스 자세를 취하는 자연스런 동작이라고 생각한다. 엉덩이가 뒤로 빠지지 않으면 무게중심이 발의 앞쪽, 즉 기저면의 가장자리에 위치하게 되므로 스윙 도중에 밸런스를 유지하기가 쉽지 않게 된다. 체중이 발의 앞쪽에 치우친 경우이다.

어드레스는 골프 스윙에 있어 기본 중의 기본이므로 정확한 자세가 요구되는 바, 무릎의 굽힘 동작, 등의 각도, 머리의 위치 등등 체크할 사항이 많다. 그러나 이를

Photo ⑥-2

Photo ⑥-3

회전 테이블에서의 작용과 반작용

의식적으로 행하다 보면 인체가 긴장되고 뭔가 부자연스런 자세가 연출되곤 한다.

　그러므로 어드레스의 기본 자세는 인체의 밸런스 기능에 맡김으로써 자연스럽고 편안한 자세를 만든 다음, 약간의 필요한 조정을 통하여 완성되는 것이 바람직하다고 생각한다. 이러한 밸런스 기능에 맡기게 되면 무릎의 굽힘, 척추의 각도 등이 우리의 의식적인 노력 없이도 모두 해결된다는 놀라운 사실을 발견하게 될 것이다.

　어드레스와 관련하여 초보자들이 겪는 어려움이 있는데, 골프클럽에 자세를 맞추려고 한다는 것이다. 어드레스 자세를 견고히 한 다음 클럽을 잡아야 할 것이다.

　동네 목욕탕이나 인근 등산로에 가면 허리운동용으로 설치되어 있는 둥근 원판을 보게 되는데, 여기에 올라가서 상체를 오른쪽으로 돌려 보라. 인체의 균형을 유지하기 위하여 하체는 반대 방향으로 움직이는 것을 느낄 수 있을 것이다. 이는 인체의 작용·반작용 현상이다.

　이런 현상은 회전운동인 골프 스윙에서도 당연히 발생된다. 백스윙 시 상체가 오른쪽으로 회전함에 따라 하체는 이와는 반대 방향으로 움직이면서 상체의 회전에

Photo ⑥-4

저항하며, 다운스윙 시에는 상체의 왼쪽 방향으로의 회전에 대하여 하체는 반대 방향으로 회전하게 된다. 이처럼 자연스런 인체의 움직임에 의하여 골프 스윙이 이루어지면 좌우로의 스웨이는 발생할 여지가 없는 것이다.

한 가지 예를 더 들어 보자. 임팩트 시의 머리 위치는 어드레스 시보다 뒤쪽으로 낮게 이동되는데, 이는 그림과 같이 다운스윙 시 인체의 많은 질량이 타깃 방향으로 이동하는 데 대한 반작용 현상으로 인체의 균형을 유지해 준다. 머리가 뒤에 남았다고 하는 사실은 스윙이 제대로 수행되었음을 나타내는 증거이다. 그러므로 거리를 내기 위해서 다운스윙 시 머리를 뒤에 남기라는 말은 우리가 의식적으로 수행할 수 있는 성질의 동작이 아니다. 이를 의식적으로 수행하려고 하면 다른 부분의 균형이 문제될 것이기 때문이다.


### 3) 밸런스 기능의 역작용(逆作用)

밸런스 기능의 역작용이라 함은 특정 동작을 수행하는 과정에서 인체의 밸런스가 위협받거나 침해당한 경우에 밸런스 기능이 작동함으로써, 우리가 의도하고 있는 동작 수행이 방해를 받게 되는 것을 말한다. 다시 말하면 밸런스 기능도 근육의 움직임을 동원하여 이루어지는 바, 밸런스 기능이 작동된다는 것은 특정 동작을 수행하는 데 의도하지 않았거나 필요치 않은 근육이 활성화됨으로써, 본래의 동작을 담당하는 근육이 방해를 받게 된다는 의미이다. 여기에 적용되는 법칙이 작용·반작용의 법칙이며, 이러한 밸런스 기능의 작동에 의한 동작을 보상(compensation)동작이라 한다.

골프 스윙에 있어 우리가 경험하게 되는 불필요한 동작이나 부자연스런 동작은 밸런스의 상실에 따른 반작용, 보상동작인 것이다.


### 4) 밸런스를 유지하려면?

그러면 이토록 중요한 밸런스를 유지하기 위해서 어떻게 해야 할 것인가? 답은 간단하다. 밸런스 기능이 작동되지 않도록 하면 된다. 이를 위해서는 자연스런 인체의 움직임이 이루어져야 한다. 그러면 자연스런 움직임이란 무엇인가?

우리의 가장 자연스런 동작으로는 걷기, 달리기, 밥먹기 등을 생각할 수 있다. 이러한 동작을 수행함에 있어 우리는 다리나 팔의 각도, 팔꿈치의 움직임, 손의 위치 등에 대하여 주의를 하지 않아도 순서에 입각하여 모든 것이 자동적으로 이루어진다.

모든 일상적 행동이나 스포츠 동작에서 자연스러운 동작이란, 관련된 인체 분절이 정해진 순서에 따라 움직이는 것을 말한다(well-timed, coordinated movement).

이는 운동심리학의 분과인 운동제어(motor control)에서 협응(coordination)이란 주제로 다루어지는 문제인데, 특정 동작을 수행함에 있어 이에 참여하는 근육, 뼈, 관절의 조화로운 움직임으로 정의할 수 있다. 이들 요소들은 동시에 또는 개별적으로 움직이게 되는데, 반드시 정해진 순서에 따라 움직임으로써 동작의 목적을 달성할 수 있게 된다. 이러한 협응구조는 주어진 동작을 수행하기 위하여 요구되는 분절의 종류와 수, 힘의 크기, 방향은 물론 밸런스가 최적화되어 있는 상태를 말한다.

밸런스 기능의 작동을 허락하지 않는 자연스런 동작에 대해서 장황하게 설명하였는데, 여기에서의 결론은 "자연스런 골프 스윙은 인체 분절의 순차적인 움직임에 의한다."는 스윙의 본질문제로 귀착되는 것 같다. 스윙의 본질과 원리에 따른 스윙은 밸런스 기능의 개입을 허용하지 않는다.


## 5) 인체의 밸런스 시스템

인체는 밸런스—자세와 평형 상태를 유지하기 위하여 많은 감각 시스템을 이용하게 되는데, 이를 간단히 살펴보기로 한다.

신체감각 시스템(근방추, 골기건기관, 관절수용기, 피부수용기)은 수행자 자신의 신체 위치나 움직임에 대한 정보를, 시각 시스템은 물체 위치와 물체와 자신과의 상대적 위치에 대한 정보를, 청각 시스템은 주로 자세 유지와 관련 있는 평형성을 감지하여 중추신경계(뇌와 척수)에 보내진다. 신체감각 정보 중 일부는 척수 수준에서 매우 빠른 반응을 생성하게 되는데, 이를 반사운동(reflex)이라 한다. 나머지 정보는 대뇌에 보내져서 인체의 밸런스 유지에 필요한 동작을 유발한다.

자세 유지에 관한 신전반사운동의 예와 골프에서 시지각 활용에 의한 밸런스 유지에 대하여 소개하고자 한다.

### Ⓐ 신전반사(stretch reflex)

인체의 분절이나 관절은 움직일 수 있는 범위가 정해져 있는데, 이를 운동범위 (ROM, range of motion)라고 한다. 이 운동범위를 넘어서면 관절을 보호하기 위해서 원래의 상태로 되돌리려는 신전반사가 작동하게 된다.

두 발을 모은 상태에서 서 있다고 하자. 이렇게 움직임이 없이 단순히 서 있는 동작이라 하여도 실제로는 무게중심을 기저면 내에 유지하기 위하여 끊임없이 미세한 조정 움직임이 이루어지고 있는 것이다. 이 상태에서 상체를 앞으로 살짝 기울이면, 무게중심이 기저면의 앞쪽으로 이동하면서 발 앞쪽에 압력을 증가시키는 한편, 장딴지 근육이 늘어나게 된다. 이 근육이 계속 늘어나게 되면 신전반사(stretch reflex)에 의하여 장딴지 근육이 수축되면서, 발목을 축으로 몸이 뒤로 회전함으로써, 다시 균형을 유지하게 된다. 위와 같이 서 있는 상태에서 상체를 계속 숙이게 되면 무게중심이 기저면을 벗어나게 되는데, 이때는 한쪽 발을 앞으로 내딛음으로써 기저면을 넓혀서 무게중심을 다시 기저면 내에 둘 수 있게 된다.

스윙 중 무게중심이 기저면의 가장자리에 위치하는 경우에는 인체의 균형이 위협받게 된다. 예를 들면 Photo 6-5와 같이 다운스윙 시 상체가 몸 앞으로 쏠리면 무게중심이 몸 앞쪽으로 이동하므로, 인체의 균형을 잡기 위하여 몸 뒤쪽의 다리나 히프 근육이 수축되면서 앞으로 쏠린 무게중심을 뒤로 당기려 한다. 이러한 근육의 수축은 인체의 밸런스를 잡는 데는 도움이 되지만, 스윙에는 불필요한 동작이 되므로 스윙을 방해하게 된다. 스윙 중 무게중심이 양발 사이의 기저면을 아예 벗어나는

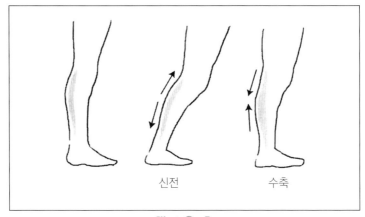

신전          수축

Illust ⑥-5

Photo ❻-5

경우에는 왼발이나 오른발의 위치를 변경시킴으로써, 무게중심을 기저면 안에 두어야할 것이다. 이 경우 스윙 후 발이 지면에서 떨어지는 경우가 많을 것이다.

백스윙 시 어깨회전을 많이 하면 관련 근육이 신전되므로, 신전반사에 의하여 그다음 다운스윙으로의 움직임이 용이해진다는 설명이 가능하나, 지나친 어깨회전은상체의 경직현상이나 인체의 균형상 문제를 야기할 수 있음을 유의하여야 한다(어깨회전 문제는 8장 참조).

Ⓑ 시지각(視知覺) 활용에 의한 밸런스 유지

골프에서 어드레스 자세는 매우 중요하다. 척추의 각도는 스윙 내내 유지되어야하며, 무릎도 스윙 내내 약간 굽힘 상태에 있어야 한다. 그러나 이를 의식적으로 수행하기는 쉽지 않다. 이를 가능케 하는 것이 바로 시각의 밸런스 기능이다.

어드레스 자세를 정확하게 취한 상태에서 볼과 눈의 거리를 일정하게 유지한다면 스윙 내내 밸런스를 유지할 수가 있게 된다(물론 백스윙 중 머리가 약간 오른쪽으로 움직이게 되는데, 이를 감안하여 눈의 높이를 일정하게 유지한다). 밸런스 유지를 포함한 나머지 인체의 움직임은 뇌에서 알아서 조정해 준다(Photo 6-4).

발 밑에 있는 동전을 줍는다고 생각해 보자. 먼저 눈이 이를 확인하고 정보를 뇌에 전달하면 뇌에서는 동전을 주울 수 있도록 각 인체 분절에 명령을 내린다. 그러면 해당되는 인체 부분은 정해진 순서에 따라 움직여서 동전을 집게 되는 것이다. 동전을 주우면서 우리는 일일이 손, 무릎, 허리의 움직임에 주의를 기울이지는 않는다.

시각은 원래 밸런스 유지뿐 아니라 움직임에 필요한 정보의 대부분을 공급하게 되므로, 스윙 중 볼에서 눈을 떼거나 한쪽 눈만 가지고 보게 되면 뇌에서 동작에 필요한 정보를 충분히 제공받지 못하게 되므로 좋은 결과를 얻을 수 없으며, 밸런스가 무너지는 원인이 되기도 한다. 이러한 이유로 골프에서는 어드레스부터 임팩트까지 한시라도 볼에서 눈을 떼면 안 된다. 볼에서 눈이 떨어지는 순간부터 스윙은 잘못되기 시작한다 해도 과언이 아니다. 우리가 아무리 노력해도 볼에서 눈이 떨어지는 경우가 많은데, 그 중 가장 큰 원인은 상체의 움직임이다. 이는 다음에 헤드업에서 자세히 다루기로 한다.

# 3. 스탠스(stance)

발이 지면에 놓이는 형태를 스탠스라고 하는데, 스윙 동작의 기저면을 구성하고, 스윙 중 발생하는 모든 동작을 받쳐 주는 역할을 하게 된다. 스탠스의 종류와 스탠스에 대한 일반적인 원칙에 대해 알아보자.

## 1) 스탠스의 폭

넓은 스탠스는 이론적 축이론에 의하면, 파워의 원천인 히프의 동작을 크게 할 수 있으므로 비거리를 늘릴 수 있게 된다. 그러나 인체 구조상 너무 넓은 스탠스는 오히려 몸통의 회전을 방해하므로, 팔과 손에 의한 스윙이 초래될 수 있다. 그러므로 '거리를 늘리기 위해서 스탠스를 넓게 하라.'는 말은, 이론상의 요건을 충족시킬 수 있는 유연성과 근력이 뒷받침되지 않으면 공염불이 된다. 필드에서는 티 샷을 제외하고는 넓은 스탠스를 취하는 경우가 많지 않다. 다양한 상황에서 다양한 종류의 샷을 융통성 있게 구사하기 위해서는 너무 넓은 스탠스는 바람직하지 않다고 생각한다.

## 2) 좁은 스탠스는 동작을 제한한다

너무 좁은 스탠스는 인체의 동작을 제한하므로 큰 힘을 필요로 하는 드라이버나 롱 아이언의 경우에는 부적합하다. 즉, 좁은 스탠스 상태에서는 기저면이 작기 때문에 스윙 동작이 빠르거나, 큰 동작을 취하게 되면 무게중심이 기저면을 벗어나기 쉬우므로, 가급적 부드러운 동작으로 스윙이 이루어져야 한다. 그러므로 큰 힘의 사용을 억제하여 정교한 샷을 구사할 필요가 있을 때는 좁은 스탠스가 유용하다는 말이다. 그러므로 100m 이내의 샷은 스탠스를 좁히고, 다소 느리고 부드러운 스윙으로 정확성을 도모하는 것이 바람직하다. 100m 이내의 샷을 구사하면서 넓은 스탠스를 취하게 되면 작용시키는 힘의 강약을 조절하기가 어려워지므로 정확성이 떨어질 것이다.

그리고 좁은 스탠스는 축이론에서 본 것처럼 인체의 질량이 무게중심에 가깝게 분포되어 있기 때문에 관성 모멘트가 작아져 스윙이 용이해진다. 이 때문에 초보자들은 스탠스를 좁게 가져가는 경향이 있는데, 이로 인하여 소위 오버 스윙이 되기 쉽다. 오버 스윙이 반드시 잘못된 것은 아니지만 기저면이 좁은 상태에서의 오버 스윙은 밸런스를 유지하는 데 적지 않은 어려움이 수반될 것이다.

## 3) 클로즈드(closed) 스탠스

이는 오른발이 왼발보다 타깃 라인 뒤에 놓임으로써, 오른쪽 히프도 뒤로 이동시킨 상태가 된다. 이는 백스윙 초기에 히프를 뒤로 회전해야 하는 동작을 미리 완료해 놓은 것과 같은 효과가 생기므로, 백스윙 시 몸통의 회전이 쉬워지는 반면 다운스윙 시에는 몸 회전을 제한한다. 다운스윙 시 몸의 회전이 제한을 받으면서 팔동작이 활성화되기 때문에 혹(hook)이 나기 쉽다.

165cm의 단구이지만 장타자로 그랜드 슬램을 달성한 바 있는 게리 플레이어는 그의 저서 《골프는 50부터(Golf begins at 50)》에서 나이가 듦에 따라 비거리가 짧아지는 현상을 극복하기 위한 방법으로서, 클로즈드 스탠스를 이용한 고의적 혹으로 비거리를 늘리는 방법을 제시해 주고 있다.

## 4) 다운스윙 시 몸은 타깃 방향으로 오픈된다

미국 PGA 프로들의 스탠스를 보면, 왼발은 타깃 방향으로 오픈하고 오른발은 타깃 방향에 직각으로 두는 경우가 대부분이다. 대부분의 프로들이 그렇게 하고 있다는 것은 분명한 이유가 있는 것이다. 오른발을 타깃 라인에 직각으로 두면 히프의 회전이 제한되고 따라서 몸통의 회전도 제한된다. 그러나 왼발을 오픈시켜 두면 다운스윙 시 인체의 회전을 용이하게 해 준다. 스윙 파워는 인체의 회전에 의하여 발생한다고 하였으므로, 이러한 스탠스는 파워와 함께 자연스런 스윙을 도와준다.

동일한 원리로 오른발을 오픈시키면 히프의 회전이 쉬워지므로 몸통의 회전이 많아진다. 이 경우 과도하게 회전된 몸통은 다운스윙 시 임팩트 자세로 되돌리기 위해서 먼길을 와야 하는 어려움이 발생한다. 그래서 쉬운 방법으로 클럽을 어깨 위에서 내리치는 현상이 나타나는 것이다(over the top).

100m 내외의 샷은 반드시 왼발을 오픈시켜야 한다. 이는 짧은 클럽의 경우, 백스윙의 크기가 작고 많은 힘을 필요로 하지 아니하므로, 히프의 수평이동보다는 어깨와 팔의 회전에 의존하여 스윙을 하게 되는데, 이는 인체 분절의 순차적인 움직임 중 하체의 동작을 생략한 경우와 같아진다. 그러므로 하체는 하체의 회전이 완료되었을 때의 상태―타깃 방향에 대하여 약간 오픈―로 미리 만들어 줌으로써, 몸통의 회전을 용이하게 해 준다. 그리고 팔이 몸에 의하여 방해받지 아니하고 타깃 방향으로 똑바로 뻗어 줄 수 있게 해 준다. 스탠스를 오픈하지 아니하면 팔의 움직임이 몸통에 의하여 방해를 받으므로, 볼은 타깃의 우측으로 날아가기 쉽다. 이 경우 볼의 방향을 잡기 위해서 자기도 모르는 사이에 클럽을 닫는 경우가 발생하므로 주의하여야 한다.

## 5) 스탠스와 볼 위치와의 관계

골프 스윙은 하체의 회전에 의하여 리드되어야 하는데, 인체 구조상 볼 위치가 스탠스의 중앙보다 왼쪽에 위치할 때 하체의 회전이 용이해진다. 반대로 볼 위치가 스탠스의 중앙보다 오른쪽에 위치하면 하체의 회전이 제약을 받으므로 팔에 의한 약한 스윙이 되기 쉽다. 샷의 정확도를 높이기 위해서는 약한 스윙이 바람직하므로, 피칭은 스탠스의 중앙에, 치핑은 스탠스의 오른쪽에 볼을 두는 것이 좋다.

골프를 배우기 시작한 단계에서는 인체의 회전에 의한 스윙이 잘 안 되기 때문에 볼을 스탠스 중앙이나 오른발 쪽에 두는 경향이 있는데, 하체에 의한 제대로 된 스윙을 위해서는 스탠스의 중앙보다는 앞쪽에 두는 것이 바람직하다.

그리고 스탠스와 볼과의 거리는 매우 중요한데, 볼의 위치가 스탠스로부터 많이 떨어져 있으면 팔 근육이 긴장되어 스윙 초기부터 힘이 들어가는 직접적 원인을 제공하며, 다운스윙 시 볼을 쫓아 상체가 움직이기 쉬우므로 정확한 타격이 어려워진다.

## 6) 스탠스에 대한 힘의 분포

각 스윙 단계별로 스탠스에 가해지는 힘의 분포를 체크함으로써 스윙에 대한 균형감을 향상시킬 수 있을 것이다.

먼저 어드레스 시에는 발바닥의 중간 앞부분에 두는 것이 무난하다고 생각한다. 앞서 설명한 바와 같이 발꿈치나 발가락 쪽으로 치우치게 되면 밸런스 기능이 작동되기 쉽기 때문이다. 백스윙의 탑을 전후해서는 오른발 안쪽으로 무게중심이 이동한 상태로서 왼발에는 힘이 남아 있지 않아야 한다. 이는 하체의 회전을 용이하게 해 준다. 임팩트 시에는 하체의 회전이 완료되어 타깃 방향으로 몸이 약간 오픈되어 오른발의 뒤꿈치는 지면에서 약간 떨어진 상태가 되므로, 오른발에는 힘이 남아 있지 않아야 한다. 사실 양발의 힘의 분포는 스윙 중 계속 변화하므로, 오른발과 왼발의 힘의 분포를 8:2 등으로 나타내는 것은 의미가 별로 없다. 더욱이 양발의 힘의 분포를 의식하면서 스윙할 수도 없을 것이다.

골프 교습 현장에서 상체가 앞으로 움직이는 것을 방지하기 위하여 임팩트 시 오른발을 지면에 붙이도록 하는 경우가 많이 있는데, 이를 강조하다 보면 자연스런 동작의 흐름을 방해함으로써, 거리와 방향성(혹이 나기 쉽다)에서 손실을 보게 된다.

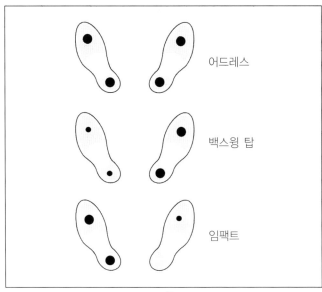

어드레스

백스윙 탑

임팩트

Illust **6**-6

## 7 ) 결론

　이상 기술된 내용은 일반적인 원칙에 불과하므로 개별적 적용에 있어 반드시 타당한 것은 아니다. 스탠스에서 제일 먼저 고려되어야 할 조건은 무엇일까? 보통의 경우, 사람들은 평소에 걸을 때나 서 있을 때의 발의 위치로 스탠스를 취하게 된다고 한다. 이것이 가장 익숙하고 편안한 동작이기 때문이다. 그러므로 너무 극단적인 스탠스를 고집하지 않는 한 스탠스에 관한 문제는 생기지 않을 것으로 생각되지만, 연습을 통하여 자신에게 적합한 것을 선택하는 것이 바람직하다.

　그리고 일반적으로 오픈 스탠스는 슬라이스, 클로즈드 스탠스는 훅이란 생각을 갖고 있는데, 실제로는 그럴 수도 있고 그렇지 않을 수도 있다. 즉, 슬라이스나 훅 여부는 스탠스, 클럽헤드의 스윙 궤도(swing path), 볼의 위치, 그립의 형태 등 복합적인 요소에 의하여 결정되기 때문이다. 그러므로 의도적인 페이드(fade)나 드로(draw)를 구사하기 위해서는 이들 요소를 복합적으로 고려해야 한다.

## 4. 헤드업(head-up)이란?

헤드업은 문자 그대로 머리를 드는 현상을 말하는데, 야구에서 타자에게 많이 발생하기도 한다. 필자가 호주에 있을 때 장애인들이 골프를 치는 장면을 심심치 않게 볼 수가 있었다. 물론 그 중에는 맹인들도 있었다. 보호자가 볼을 티에 올려주면 드라이버도 쳤다. 그런데 그 맹인도 정말 헤드업을 하고 있었다. 그 맹인은 볼을 볼 수는 없지만 잠재의식적으로 자신이 친 볼을 보고 싶어서 헤드업을 하는 것이라 생각했었다.

골프 현장에서 헤드업은 가장 고질적이고 근본적인 문제로 인식되고 있음에도 불구하고, "헤드업을 하지 마시오." 이외의 별다른 치유방법이 나오지 않고 있다. 그것은 당연하다. 왜냐하면 헤드업은 원인행위가 아니고 결과행위이기 때문이다. 임팩트 전(前)과정에서의 원인행위를 파악함으로써 헤드업은 교정될 수 있는 것이며, 헤드업을 하지 말라는 것은 문제에 대하여 문제로 답하는 오류가 된다. 우선 헤드업의 실체를 알아보자.

머리는 목뼈를 축으로 전후 좌우로 비교적 자유롭게 회전할 수 있다. 그러나 머리 자체를 위나 아래로 움직이지는 못한다. 구조적으로 머리뼈는 목뼈와 연결되어 있으며, 목뼈는 척추의 일부이고, 어깨, 가슴뼈와 연결되어 있다. 즉, 머리는 목뼈를 축으로 자체적으로 움직이기도 하지만, 상체의 움직임에 의하여 직접적으로 영향을 받는 구조로 되어 있는 것이다. 상체가 움직이면 반드시 머리는 움직인다. 더구나 상체에 비해 머리의 질량이 작으므로 상체의 움직임에 의해서 쉽게 움직여질 것이다. 이것이 바로 헤드업의 실체이다.

대부분의 경우 상체가 위로 들림으로써 머리도 함께 위로 움직이는 현상으로 나타날 것이나(운동 역학적으로는 인체의 무게중심이 위로 움직이는 현상이다), 상체가 전후 좌우로 움직이는 경우도 머리가 함께 움직여 볼에서 눈이 떨어질 것이다. 이는 무릎의 위아래 움직임과 많은 상관관계가 있다.

그 동안 우리는 볼이 어디로 날아갔는지 궁금해서 머리를 드는 것이라고 단순히 생각해 왔는데, 다운스윙 시 상체의 움직임에 의하여 머리가 움직였던 것이다.

대개 상체의 움직임 현상은 인체 분절의 순차적인 움직임에 위배하여 자기 순서를 지키지 못하고 먼저 움직이는 경우가 대부분일 것이므로, 원리에 따른 스윙 연습을 통하여 치유될 수 있는 것이다. 헤드업을 교정하기 위하여 상체의 움직임을 제한하는 방법은 다른 부작용을 고려하여 신중하게 시도되어야 할 것이다.

**7**

# 스윙 궤도와 스윙 단계별 인체 움직임

## 7 스윙 궤도와 스윙 단계별 인체 움직임

스윙 궤도라 함은 클럽헤드가 스윙 중 움직이는 궤적을 말하는데, 이의 진정한 의미는 클럽헤드가 정상적인 스윙 궤도를 유지하면 의도한 거리와 방향으로 볼을 보낼 수 있다는 것이며, 정상적인 스윙 궤도를 벗어나게 되면 이를 보상하기 위한 동작에 의하여 의도한 결과를 기대할 수 없게 된다는 것이다. 이러한 정상 스윙 궤도의 의미에는 동일한 스윙 궤도를 반복적으로 만들어낼 수 있는 일관성이 포함된다.

본 장에서는 정상 스윙 궤도와 그의 일관성을 산출해 내기 위한 스윙 단계별 인체의 자세와 움직임에 대하여 알아보고자 한다. 이는 가장 효율적인 인체의 움직임이며 보상동작을 요하지 않는 자연스런 인간의 동작을 의미한다.

## 1. 스윙의 첫 단추 – 그립

그립은 팔과 클럽을 연결시켜 주는 손의 형태를 말하는데, 가장 핵심적 요소는 클럽을 잡는 손의 형태와 클럽에 가하는 손의 압력이다.

던지기 동작 중 정지된 상태에서 이루어지는 야구 투수나 타자의 자세, 골프의 어드레스는 매우 중요하다. 처음에 어떤 자세를 취하는가에 따라 나머지 동작이 결정되기 때문이다. 그 중에서도 그립은 건물의 기초공사이며, 셔츠의 첫 단추를 끼우는 것과 같다. 그러므로 그립이 잘못되었다면 다른 모든 것에 우선하여 시정되어야 할 것이다.

### 1) 강한 그립

통상 클럽을 잡는 손과 손가락의 형태 및 손이 그립에 놓이는 위치에 따라 강한 그립, 중립 그립 및 약한 그립으로 분류하고 있다. 그립은 단순히 인체와 클럽을 연결시켜 주는 의미 이외에 정상 스윙 궤도를 만들어 주며, 임팩트 시 클럽 페이스를 스퀘어 상태로 맞추어 준다. 이 기능을 수행하기 위해서는 '강한 그립'이 바람직하다. 여기에서의 강한 그립이란 왼손등의 정권이 2~2.5개 보이는 정도의 그립을 말한다.

첫째, 그립이 어떻게 정상 스윙 궤도를 형성하는 데 기여하는가?

먼저 손은 클럽과 팔을 연결시켜 주는 다리 역할을 하는데, 손목은 마치 줄로 연결되어 있는 것처럼 자유자재로 움직일 수 있어야 한다. 즉, 백스윙 또는 다운스윙 시, 손목은 자동적으로 코킹, 언코킹됨으로써 정상 스윙 궤도를 만들어 가는 것이다. 손목의 움직임이 자유롭지 않다는 것은 스윙을 손이 주도한다는 의미이다. 이 때의 손은 매우 경직된 상태에서 움직여야 할 것이므로 스윙 궤도나 헤드 스피드에 부정적인 영향을 주게 된다. 그러므로 그립은 양손 모두 손가락 위에 놓여야 한다.

약한 그립은 손목을 고정시키는 효과가 있어 손목의 움직임을 제한할 것이다. 보통 왼손 엄지를 길게 내밀어(long thumb) 이를 오른손으로 덮어 누르는 경우가 많이 있는데, 평소의 습관에 의하면 그립을 편하게 잡을 수 있기 때문이다. 그러나 왼쪽 손목을 경직되게 하므로 코킹을 방해한다.

그 다음에 생각할 문제는 팔과 몸통과의 연결성이다. 그립은 단순히 클럽과 팔을 연결시켜 주는 데 그치지 아니한다. 통상 백스윙은 손, 팔, 어깨 및 몸통이 일체가 되어 움직이는 원피스 테이크어웨이에 의하여 시작되는데(실제는 스윙 원리에서

강한 그립

Photo ❼-1

long-thumb

본 것처럼 인체 전체가 시동되는 것이나, 여기에서는 상체의 움직임에 초점을 맞추어 설명하는 것임), 그립을 정확하게 해 주면 인체 구조상 자동적으로 일체가 되어 움직이게 되어 있다. 즉, 그립을 정확히 잡으면 팔과 몸통이 연결되는 가슴 부분이 약간 밀착되는 느낌을 갖게 되는데, 이에 의하여 상체는 하나가 되어 움직이게 되는 것이다. 팔과 몸통과의 연계성이 떨어지는 이유는 바로 부정확한 그립 때문이다.

둘째, 그립의 가장 중요한 역할은 클럽 페이스를 볼에 스퀘어하게 전달하는 것이다. 그런데 일반적으로 '강한 그립'은 훅이 발생한다고 알고 있는 바, 이것은 어떻게 설명되어야 하나? 만약 어드레스 시와 임팩트 시의 손의 위치가 같다면, 이는 사실이다. 그러나 실제로는 다운스윙 시 하체의 회전과 함께 임팩트 시의 손의 위치는 어드레스 시의 위치보다 타깃 방향으로 약간 이동한다. 이 경우 사진과 같이 클럽 페이스는 오픈될 것이다. 그러므로 강한 그립만이 이를 상쇄하여 클럽을 스퀘어 상태로 되돌릴 수가 있는 것이다.

Photo ⑦-2

## 2) 그립의 압력

### (1) 잡지 말고 끼운다

이 점에 대해서는 견해가 분분하나 일반적으로 볼을 강하게 쳐야 한다는 생각으로 그립을 강하게 잡는 경향이 있는 것 같다. 그러나 누차 강조하지만 그립은 인체의 회전에 의하여 수동적으로 당겨지는 것이므로 그립을 강하게 잡아서는 안 된다. 프로 야구 선수들이 배트를 쥐는 모습도 다양한데, TV 중계방송 시 이들의 손을 유심히 살펴보면, 우리의 일반적인 생각과는 달리 야구 선수들은 배트를 매우 가볍게 잡으려고 노력한다. 테니스, 배드민턴 라켓, 당구의 큐대의 경우도 같다.

골프에 있어서는 "두 손으로 새를 잡듯이 하라.", "치약을 잡았을 때 눌린 자국이 생기지 않아야 한다." 등 아주 약한 그립 압력이 권장되고 있으며, 보통 유명 프로들이 제시하는 그립 압력은 10을 최대로 했을 때, 3~4 정도로 보고 있는 것 같다. 그러나 이를 숫자로 나타내는 것은 실감이 나지 않을 것이다. 그것은 클럽을 잡고 몸 앞에서 좌우로 흔들었을 때 헤드의 무게가 느껴질 정도의 압력이면 적당할 것이다. 대부분의 골퍼가 선호하는 바든 그립(영국의 유명한 골퍼 Harry Vardon이 대중화시킨 것으로 오른손 새끼손가락을 왼손 검지 위에 올려놓는 형태의 그립)도 그립에 가하는 손의 압력을 적게 하기 위하여 고안된 것이다.

골프에 있어 그립의 적정 압력을 생각하기 전에, 그립의 역할에 대해 다시 상기할 필요가 있다. 그립은 인체중심에서 생성된 힘을 클럽에 전달하는 통로 구실을 하는데, 다운스윙 시 헤드의 원심력이 이끄는 대로 움직일 뿐이다. 그 외에 손을 통하여 별도의 힘을 가할 필요도 없고, 그래서도 안 된다. 왜?

간단한 실험을 해 보자. 클럽을 엄지와 검지로 들고 팔을 흔들어 시계추처럼 좌우로 움직이게 한다. 클럽을 집고 있는 엄지와 검지에 힘을 가하여 눌러 본다. 클럽의 움직이는 속도는 이내 줄어들게 된다. 마찬가지로 그립에 힘을 가하게 되면 클럽헤드의 속도를 떨어뜨리는 결과를 초래한다. 이 실험에서 보듯이 그립은 힘을 주어 잡아서는 안 되는 것이다.

그립은 영어로 'grip', '잡다'의 의미이나, 잡아서는 안 된다. 즉, 클럽의 손잡이 형태에 맞추어 손의 형태를 만든 다음, 그대로 끼우는 것이다(Photo 7-3). 자동차의 안전 벨트를 채우듯이 그렇게 끼우는 것이다. 안전 벨트의 고정 부분과 끼우는 부분이 결합하되, 서로 힘을 가하지는 않는다. 보통 초보자들은 그립을 김밥 말듯이 감아쥐는 경향이 있는데, 이는 손과 팔뚝을 경직시키고, 클럽헤드를 닫히게 하므로 당장 시정되어야 한다. 특히 오른손 그립은 몸의 옆쪽으로부터 무심히 잡아야 한다 (브리티시 오픈 5회 우승자 피터 톰슨의 말. Photo 7-4).

　그러면 임팩트나 스윙 중 손에 느껴지는 엄청난 압력은 어떻게 설명되어야 하나?

　간단한 실험을 해 보자. 골프클럽을 왼손으로 잡는다. 클럽헤드의 끝을 손등 쪽으로 밀어 본다. 헤드의 회전은 손가락에 힘을 가하여 손가락을 펼쳐지게 하려 할 것이다. 이에 대항하여 손은 클럽에 의하여 작용되는 힘과 크기가 같고 방향이 반대인 반작용력을 가하게 됨으로써 클럽을 잡고 있는 상태를 유지하려 할 것이다. 다시 말하면 그립은 손이 맞추어 끼워진 상태에서 클럽헤드의 움직임에 의한 반작용력에 따라 압력을 받는 것이라고 말할 수 있다. 이러한 반작용 현상은 우리가 의식적으로 수행하는 것이 아니므로, 이에 주의할 필요는 없는 것이다. 대부분의 아마추어 골퍼들은 임팩트 시 손에 힘을 주어야 하는 것으로 잘못 알고 있다. 손에 힘을 주는 순간부터 팔이 경직되어 헤드 스피드는 떨어지며, 손목이 경직되어 클럽 페이스가 오픈되기 쉽다. 그립은 어드레스부터 피니시까지 동일한 압력을 유지한다고 생각하는 것이 중요하다.


## (2) 끼우고 잡지 않는다

　손의 특징적 구조는 포크레인의 삽처럼 '잡는 기능'과 관계가 많다. 손으로 어떤 물체를 잡기 위해서는 손가락을 움직여야 하는데, 그림에서 보는 바와 같이 손가락 근육은 팔뚝 근육과 연결되어 있으며, 손가락은 팔뚝 근육의 수축에 의하여 움직여

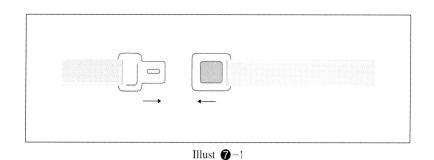

Illust ❼-1

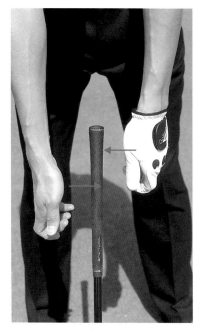

Photo ⑦-3 끼운다                                 Photo ⑦-4

진다. 그러므로 손가락으로 물체를 강하게 잡으면 팔뚝과 손가락의 근육이 함께 수축되므로, 팔과 손이 경직되고 손목의 운동범위도 제한을 받게 되는 것이다. 이러한 이유로 그립을 강하게 잡으면 자유롭게 움직여야 할 손목의 움직임을 제한하고, 이

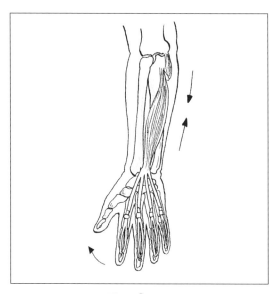

Illust ⑦-1

어서 팔, 어깨를 연쇄적으로 경직되게 하여 자유로운 스윙 동작을 방해하게 되는 것이다.

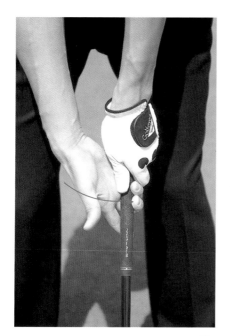

Photo ⑦-5

또한 주말 골퍼들은 오른손가락으로 립을 힘을 주어 감아 잡는 경향이 있는데, 오른손의 움직임 특성상 클럽을 오른쪽에서 왼쪽으로 누르게 되므로 클럽 페이스가 닫히는 경향이 생겨, 자신도 모르게 훅이 나는 경우가 많이 발생한다(Photo 7-5). 그립을 잡았을 때는 손에서부터 어깨에 이르기까지 긴장되는 부분이 생기지 않는 것이 좋다.

대부분의 아마추어 골퍼들은 그립 압력만 개선해도 샷이 엄청나게 좋아질 것이다. 상당 부분의 문제들이 그립을 강하게 잡는 데서 비롯됨을 알아야 할 것이다. 클럽의 무게는 그립을 강하게 잡아야 할 만큼 무겁지 않다는 사실을 상기하자.
그리고 그립을 잡을 때 오른손에 어느 정도 힘을 주어야 하는가에 대해서 궁금해 하는 골퍼들이 많은데, 오른손도 왼손과 마찬가지로 끼워 맞추는 동작으로 충분하고 별도의 힘(압력)은 필요하지 않다.
결론적으로 손에 의하여 클럽에 가하는 압력은 양손의 끼우는 형태에 의하여 생기는 정도의 압력이며, 그 외에 스윙 중 손이 담당할 역할은 없으므로 별도의 힘은 불필요하다. 다만 스윙 중 클럽의 움직임이나 인체의 다른 분절의 움직임에 의하여 손에 압력이 가해지게 되는데, 이는 반작용 현상이므로 우리가 의식하지 않아도 되는 부분이다.

## 3) 약한 그립

그립을 어드레스 상태에서 보면, Photo 7-6의 (a)와 같이 손목 부분의 각도가 생긴다. 이 각도는 손목의 움직임을 자유롭게 함으로써, 백스윙 과정에서 코킹이 자연스럽게 일어나도록 하는 데 필요하다.

그런데 손목을 자유롭게 놓아두면 안 되는 경우가 있다. 바로 치핑과 퍼팅이다. 이들은 클럽헤드를 가능한 한 흔들림 없이 타깃 방향으로 일직선이 되게 움직여 주어야 하기 때문이다. 그러나 스윙 동작에 있어 팔뚝은 자연스럽게 좌우로 회전하는 특성이 있으므로, 통상 그립을 취하면 팔뚝이 회전하여 의도와 달리 볼이 왼쪽으로 가는 경우가 종종 발생한다.

이런 샷은 손을 그립의 왼쪽으로 돌려 잡음으로써, 즉 보통의 경우보다 약한 그립을 취함으로써 손목을 고정시켜 주는 효과가 있으므로, 팔뚝의 회전을 방지해 준다. 엘리베이터를 잡아 주는 쇠밧줄은 그것이 늘어나게 되면 엘리베이터의 문턱보다 낮아지게 되므로, 처음부터 철사를 최대한 늘여서 더 이상 늘어나지 않게 한 후 이를 꼬아서 두꺼운 쇠밧줄을 만드는 것처럼, 팔뚝을 미리 회전시켜 놓으면 팔뚝이 돌아가는 일은 없게 되므로, 볼을 똑바로 보낼 수가 있게 된다.

퍼팅의 경우, 손목을 고정시키기 위해서 역그립을 하거나 손목을 살짝 꺾기도 하며, 왼손 검지를 내려잡는 방법 등이 사용된다(퍼팅 역학 참조).

## 2. 어드레스 자세는 자연스럽게

어드레스 자세는 정상 스윙 궤도를 유지하기 위해서 매우 중요하다. 이를 위한 요건을 알아보자.

Ⓐ 어드레스는 편안함과 자연스러움이 제1요건이나, 한편으로는 바로 뭔가 움직일 것 같은 다이내믹한 자세이어야 한다. 어드레스를 취한 상태에서 인체의 각 부분을 점검했을 때, 전체적으로 이완된 느낌을 갖는 것이 바람직하다.

연습장에서 보면 같은 자세, 같은 그립으로 많은 볼을 치는 경우를 볼 수 있는데, 그렇게 하면 인체가 점점 경직되므로, 볼 하나를 칠 때마다 새로운 자세, 새로운 그립을 취하는 것이 좋다. 이때 양발과 다리를 수시로 움직여 주고, 왜글을 실시하는 것이 좋다. 인체가 긴장되어 있는 상태에서는 스윙을 하지 않는 것이 바람직하다. 인체가 긴장되어 있는 상태에서 자꾸 스윙을 하면, '스윙은 긴장된 상태에서 이루어지는 것'이라고 우리 뇌는 기억하기 때문이다.

Ⓑ 팔은 어깨로부터 자연스럽게 늘어뜨린 상태에서 특히 팔의 윗부분을 가급적 몸통 가까이 둠으로써, 관성 모멘트를 감소시켜 몸통의 회전을 용이하게 할 수 있도록 한다.

Ⓒ 척추각은 15~20도 정도 기울여진 상태에서 스윙 내내 이 각도를 유지하여야 한다. 척추각이 바뀌면 스윙 궤도가 무너져 연쇄적인 보상 반작용이 생기게 되는데, 척추각은 두 가지 측면에서 볼 필요가 있다.

Photo 7-6의 (a)와 같이 팔을 늘어뜨린 상태에서 척추각을 유지하면, 히프가 뒤로 빠지면서 가슴 아래쪽으로 점선과 같은 공간이 생기므로, 스윙 시 팔이 몸통에 의하여 방해받지 않고 자유롭게 움직일 수 있게 해 준다.

Photo 7-6의 (b), (c)와 같이 우로 기운 척추각은 프로 골퍼들이 매우 중요하게 생각하는 부분이다. 이 자세는 몸을 볼 뒤에 두기 쉬우며, 다운스윙 시 하체의 회전을 용이하게 해 주기 때문이다. 스윙을 교정할 때 가장 먼저 점검해야 할 부분이라고 생각한다.

Ⓓ 오른쪽 무릎은 약간 굽힌 상태로 스윙 내내 일정하게 유지되어야 한다.

(a)

(b)

Photo ⑦-6

(c)

무릎을 편 상태에서 좌우로 몸을 움직여 보자. 히프는 자유롭게 회전하지만 무릎
은 거의 움직이지 않는다. 원래 무릎 관절은 좌우 운동범위가 크지 않기 때문이다.

Photo ❼-7 운동사슬

Photo ❼-8 flying elbow

그러나 무릎 관절의 특성상 무릎을 살짝 굽히면 몸의 회전이 용이해지기 때문에, 무릎은 굽힘 상태를 유지해야 하는 것이다. 무릎 굽힘 및 이의 유지는 스윙의 핵심 사항이다.

또한 무릎은 상하로의 움직임이 매우 용이하므로, 백스윙 중 상체를 들어올리면서 무릎도 함께 펴지기 십상이다. 백스윙 초기 무릎이 펴지면 척추각이 무너지므로 스윙 궤도가 변하게 된다. 초보자는 백스윙 시 클럽을 위로 들어올리려는 습관 때문에, 오른쪽 무릎을 편 채 스윙하는 경우가 많다. 가장 근본적이고도 흔한 에러이다. 이에 대해서는 전에 언급한 지면반력을 얻는 방법과 시지각을 활용하는 연습방법이 매우 효과적이라고 생각한다.

## 운동사슬(kinetic chains)

두 발이 지면에 접촉되어 있는 상태에서 무릎 관절을 굽히기 위해서는 인체 구조상 인접한 히프 관절과 발목 관절이 함께 협동하여야 한다(운동사슬). 이로 인하여 백스윙 시 발목, 무릎 및 히프 관절은 일체가 되어 움직이게 된다. 그러므로 무릎 관절의 굽힘을 유지하는 한 히프 관절의 운동 범위가 제한되므로, 백스윙 축을 견고하게 구축할 수 있게 해 주는 한편, 히프가 과도하게 회전하는 것을 막아준다. 백스윙 시 무릎 관절이 펴지게 된다면 히프가 개별적으로 움직일 수가 있게 되는데, 이의 과도한 회전은 몸통의 꼬임을 방해하고 오버 스윙에 의한 역피봇이 되기 쉽다.

🅔 오른쪽 팔꿈치는 항상 몸 앞에 위치해야 한다. 티셔츠를 보면 대개 오른쪽 겨드랑이부터 아래로 내려오는 재봉선이 있는데, 오른쪽 팔꿈치는 이 선을 기준으로 뒤쪽으로 넘어가지 않아야 한다. 그렇지 않으면 정상 스윙 궤도를 벗어나게 된다. 흔히 오른손으로 클럽을 들어올리는 경우에 이런 현상이 나타난다(소위, flying elbow). 이때 오른손과 팔이 경직되고 오른손이 클럽을 밀기 때문에, 백스윙 탑에서 샤프트가 타깃의 오른쪽을 향하게 된다.

## 3. 백스윙

### 1) 스윙 트리거(swing trigger)

트리거란 '방아쇠를 당기다'의 의미인데, 골프에서는 테이크어웨이 시 인체의 일부를 미리 움직이는 동작을 말한다.

정지 상태의 인체나 물체를 움직이는 것은 인체나 물체가 움직이고 있는 경우에 비해 훨씬 많은 힘이 필요하다. 이러한 사실은 테이크어웨이 시 팔과 어깨에 많은 힘이 들어가게 하는 직접적인 원인이 되고 있다. 이와 같은 정지 상태의 관성을 이겨내고 자연스런 테이크어웨이를 하기 위한 효과적인 수단이 바로 스윙 트리거인 것이다.

이에는 인체의 일부인 손이나 다리를 또는 인체의 전부를 타깃 방향으로 살짝 이동했다가 다시 반대 방향으로 움직이거나, 잭 니클러스처럼 머리를 오른쪽으로 돌리면서 테이크어웨이를 시작하는 방법 등이 있으므로, 각자에게 편한 방법을 선택하면 될 것이다. 모든 프로들은 방법이 다르다 뿐이지, 정지관성을 극복하고 매끄러운 백스윙을 위해서 스윙 트리거를 사용한다. 다만 그들이 깨닫지 못한 사실은 이

것이 스윙에 필요한 외부적 힘, 즉 지면반력을 효과적으로 얻는 방법이라는 점이다 (Photo 7-9).

## 2) 스윙은 하나의 동작

이 문제는 골프 스윙뿐 아니라 모든 동작에 적용되는 아주 중요한 사안이다. 즉, 뇌에서 하나의 동작을 지시한 후, 그와 다른 동작을 지시하기 위해서는 최소한 0.2초 이상의 시간이 필요하다고 한다.

그러므로 처음의 동작이 진행되는 동안에는 다른 동작을 수행할 수 없는 것이다. 다만 백스윙은 0.7초 내외의 시간이 소요되므로 중간에 다른 동작－예컨대 의식적으로 코킹을 한다거나, 다운스윙 때의 팔 동작 등－을 계획할 수는 있을 것이나, 이미 진행되고 있는 하나의 동작으로서의 스윙과 중복되어 발생할 것이므로, 두 개의 동작간 간섭이 발생하여 어느 것도 제대로 수행할 수 없을 것이다. 투수의 던지기 동작이나 타자의 배팅 동작도 하나의 동작이다. 예컨대 걷기 동작과 볼 차기 동작이 있는데, 걷기도 하면서 볼을 차는 동작을 동시에 수행하려면 잘 안 되는 이치와 같다.

골프 스윙은 하나의 동작으로 이루어져 있다. 테이크어웨이가 시작되면 나머지 스윙은 하나의 동작으로 자동으로 이루어지게 되어 있다. 시작이 전체이다. 그러므로 테이크어웨이 이후 다른 동작을 의식적으로 생각하는 것은 스윙을 방해할 뿐이다.

본론으로 되돌아가서, 코치들이 셋업과 테이크어웨이를 유난히 강조하는 것도 스윙은 하나의 동작이란 사실에 근거하는 것이다. 앞서 소개한 스윙 트리거도 시작을 잘 하기 위한 동작이다.

## 3) 백스윙 및 전체 스윙을 리드하는 테이크어웨이

하나의 동작으로서 골프 스윙은 테이크어웨이로부터 시동된다. 그러므로 테이크어웨이는 골프 스윙의 시작이요, 전체라고 할 수 있다. 그리고 정상 스윙 궤도를 유지한다는 측면에서 테이크어웨이는 특별한 의미를 갖는다. 정지 상태의 클럽헤드를

Photo ❼-9 스윙 트리거

인위적, 의도적으로 스윙 궤도에 올려놓아야 하기 때문이다. 골프 스윙 중 자연스럽지 않은 부분이 있다면 바로 이 테이크어웨이이다.

어드레스에서의 클럽헤드는 정지되어 있는 상태를 유지하려는 관성이 있는 바, 이 관성을 이겨내고 클럽헤드를 움직이기 위해서, Photo 7-11과 같이 어깨와 팔이 동시에 움직이면서 운동량을 공급하게 된다(소위 '원피스 테이크어웨이').

이러한 어깨와 팔의 초기 움직임에 의하여 클럽헤드는 타깃 라인과 동일선상에서 거의 30~40cm 정도 수평이동하면서 정상 스윙 궤도에 진입하게 되는 것이다. 이 초기 움직임이야말로 스윙의 가장 중요한 부분으로서 이 부분이 잘 되면 나머지 스윙은 자연스럽게 이루어지도록 되어 있다.

이후 어깨의 회전과 팔의 움직임(인체 구조상 상방으로 올라갈 것이다. 손을 이용하여 들어올리는 것이 아님)이 계속됨에 따라 클럽헤드의 운동량이 커지면서 원심력이 작용하고, 이러한 움직임을 계속 하려는 헤드의 관성에 의하여 백스윙이 진행되는 것이다.

어깨의 회전, 팔동작 및 헤드의 원심력에 의한 운동량은 테이크어웨이에서 백스윙까지의 정상 스윙 궤도를 이끄는 원동력이 된다. 이 힘에 의하여 손목의 코킹, 오른쪽 팔꿈치의 굽힘이 자연스럽게 이루어지는 것이다(따라서 각 부분 동작을 의식적으로 만들려고 하면 동작간 간섭이 생겨 부자연스런 동작이 연출된다).

Photo ❼-10 테이크어웨이(정면)

Photo ❼-11 테이크어웨이(측면)

이를 종합하면, 테이크어웨이에서 백스윙 탑까지의 정상 스윙 궤도를 유지하기 위해서는 원피스 테이크어웨이로부터 출발하여 어깨의 회전 약 90도, 팔의 들어올림 동작 및 헤드의 원심력에 의하여 왼손목 코킹 90도, 왼팔뚝 회전 약 30도 및 오른쪽 팔꿈치 굽힘이 조화롭게 이루어짐을 알 수 있다(실제 스윙에서는 왼팔뚝이 거의 회전하지 않는 느낌이어야 한다).

이의 전제로 가장 중요한 것은 손목과 팔이 경직되지 않고 이완된 상태를 유지해야 한다는 것이다. 던지기 동작인 창던지기, 투수의 피칭에서 가장 중요한 포인트 중 하나는 백스윙이 완료된 상태에서 팔과 손이 이완되어 있어야 한다는 점이며, 골프도 마찬가지이다. 백스윙 탑에 이르면서 팔의 움직이는 속도는 매우 느려지는데, 이와 함께 팔이나 손은 이완된 상태를 유지하여야 다운스윙 시 수동적으로 당겨질 수 있는 것이다.

사실 주말 골퍼들의 대부분의 문제점은 어드레스 시 그립을 강하게 잡는 것과 이러한 상태가 계속 이어져서 백스윙 탑에서도 팔과 손이 경직되어 있는 데서 비롯된다고 해도 과언이 아니다.

흔히 주말 골퍼들은 백스윙 탑에서의 팔과 손이 제대로 모양을 갖추고 있는지 자

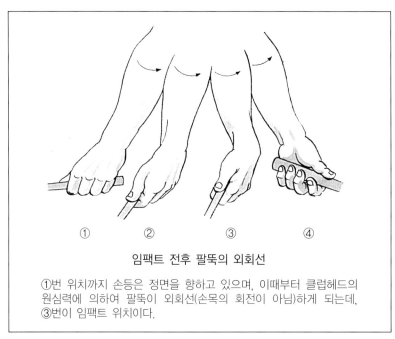

임팩트 전후 팔뚝의 외회선

①번 위치까지 손등은 정면을 향하고 있으며, 이때부터 클럽헤드의 원심력에 의하여 팔뚝이 외회선(손목의 회전이 아님)하게 되는데, ③번이 임팩트 위치이다.

Illust ❼-3

주 점검하는 경향이 있는데, 팔이나 손이 이완된 상태를 유지하고 있는지 여부를 체크하는 것이 더 중요함을 알아야 한다. 이를 쉽게 감지하기 위해서, 백스윙 탑에서 눈을 감고 인체의 어느 부분이 긴장되어 있는지 점검하는 방법이 있다.

앞에서 설명한 대로 테이크어웨이만 잘해 주면 백스윙은 전해지는 운동량에 의하여 저절로 이루어지는 것이므로, 백스윙 시 팔과 손이 이완된 상태를 유지할 수 있도록 각별히 유념할 필요가 있다.

## 4) 흔한 에러 – 팔뚝의 조기 회전

팔뚝의 회전(흔히 손목의 회전이란 말을 사용하는데, 골프 스윙에서 손목은 회전되지 않는다)이란 말은 골프 스윙에 있어서 생소하게 들릴지 모르나 스윙을 효율적으로 수행하게 만들어 주는 인체의 자연스런 동작 중 하나이다.

왼손 손바닥을 위로 향하게 한 상태에서 그대로 오른쪽으로 팔을 수평으로 이동해 보자. 그 다음에는 왼팔뚝을 팔뚝을 지나는 뼈를 축으로 회전시켜 손바닥이 지면을 향하도록 움직여 보자. 후자가 훨씬 쉬운 동작임을 느낄 것이다. 왜냐하면 그것이 인체의 자연스런 동작이기 때문이다. 해부학 용어로 '내회선(內回旋,

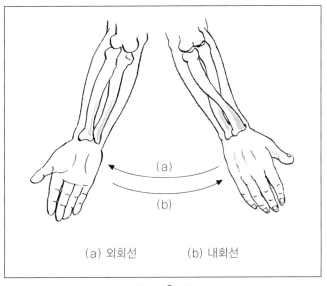

(a) 외회선    (b) 내회선

Illust **7**-4

pronation)'이라 한다. 다운스윙 시에는 반대 방향으로 회전하며, '외회선(外回旋, supination)'이라 한다.

자연스런 동작이란 사용하는 근육의 수와 에너지가 최소인 동작을 말하는데, 우리 인체는 이런 경제성의 원칙에 따라 움직임을 결정하는 구조를 갖고 있다. 위의 예에서 팔뚝의 회전은 이런 원칙에 의거하여 이루어지는 동작인 것이다.

테이크어웨이 시 이러한 팔뚝의 조기 회전은 스윙 궤도를 여지없이 빗나가게 한다(소위 인사이드 테이크어웨이로서 근본적인 에러이다). 사진을 보면서 현상을 분석해 보자. Photo 7-10과 7-11은 원피스 테이크어웨이로서, 어깨의 회전과 팔의 동작이 동시에 이루어지는데, 현재의 위치에서 팔뚝의 회전은 아직 없다. 반면, Photo 7-12의 (a)는 어깨의 회전이 동반되지 않은 상태에서 손과 팔에 의해서 클럽이 들려진 모습으로 팔뚝의 회전이 상당 부분 진행되었다. 이러한 팔뚝의 회전은 사실 인체의 자연스런 동작임은 위에서 본 바와 같으나, 테이크어웨이 단계에서 이런 자연스런 동작을 취하게 되면 스윙 궤도를 벗어나는 결과를 초래한다.

(a)　　　　　　　　　(b)　　　　　　　　　(c)

Photo 7-12

이상이 없는 것처럼 보이지만, Photo 7-12에서는 왼팔뚝의 회전에 의하여 오른쪽 어깨와 오른손의 간격이 좁혀진 상태로 갈 곳이 없는 오른팔은 몸의 밖으로 접혀지게 된다. 이 상태에서 어깨가 회전하기 시작하는데, 스윙 궤도를 유지하기 위해 왼팔뚝의 회전이 계속되어, 백스윙 탑에 이르게 되면 (c)와 같은 바람직하지 않은 결과가 나타난다. 그리고 다운스윙 시 이렇게 회전된 왼팔뚝은 원래의 상태로 되돌려지게 되는데, 타이밍과 정확성을 유지하기가 쉽지 않을 것이다.

## 넓은 스윙 아크(swing arc, width of swing)

많은 골퍼들이 거리를 내기 위해서는 스윙 아크가 커야 한다는 생각을 갖고 있는 것 같으며, 세계적인 골퍼들이 비거리를 늘이기 위해서는 스윙 아크를 크게 해야 한다고 이구동성으로 주장하고 있어 이를 증명하는 듯하나, 이는 꼭 그렇지 않다.

"어깨로 밀듯이 움직여라.", "클럽을 뒤로 길게 빼라."는 프로들의 레슨은 스윙 아크를 크게 가지라는 주문인데, 이는 원피스 테이크어웨이에 의하여 이루어질 것이

(a) 백스윙 : 넓은 스윙 아크  Photo 7-13  (b) 다운스윙 : 스윙 반경 축소

다. 원피스 테이크어웨이는 백스윙 초기 올바른 팔동작을 이끌어내는 기능이 있으며, 초기에 어깨의 회전을 유도하여 백스윙 탑까지 어깨를 충분히 회전시키는 데 기여한다. 그러나 이러한 원피스 테이크어웨이의 기능이 비거리를 보장하는 것은 아니다.

스윙 아크가 커지면 '선속도 = 회전반경 × 각속도' 공식에 따라 회전반경이 늘어나므로, 선속도(헤드 스피드)가 증가하는 반면, 동시에 관성 모멘트도 커지므로 각속도는 감소한다. 즉, 스윙 아크가 커져도 관성 모멘트가 더 큰 비율로 증가하면 헤드 스피드는 오히려 감소할 수가 있는 것이다.

비거리를 늘이기 위한 헤드 스피드의 증가는 바퀴축 시스템에서 가능하다는 사실은 스윙의 원리에서 확인한 바, 백스윙 시 스윙 아크를 아무리 크게 하여도, 다운스윙 시 헤드 스피드를 극대화하기 위해서는 바퀴축 이론에 따라 관성 모멘트를 줄이기 위해 스윙 반경이 축소되어야 하는 것이다.

결론적으로 넓은 스윙 아크는 원피스 테이크어웨이를 통하여 올바른 어깨회전을 이끌어내고, 이는 백스윙 시 인체를 충분히 신전(stretch)시켜 줌으로써 다운스윙 동작을 용이하게 해 준다는 측면에서 헤드 스피드 증가에 간접적으로 기여한다고 말할 수 있다.


# 4. 다운스윙

다운스윙의 이론적 구조에 대해서는 2장에서 어느 정도 설명이 되었다. 여기에서는 다운스윙 시의 정상 스윙 궤도가 어떻게 유지되며, 이에 관련되는 문제는 무엇이 있는지 알아보기로 한다.


## 1) 인체의 순차적인 연쇄동작

테이크어웨이로부터 백스윙에 이르기까지의 스윙 궤도가 정확하다면 다운스윙에서도 정상 스윙 궤도가 그대로 이어진다. 테이크어웨이 시 의도적, 인위적 동작에 의해서 스윙 궤도가 올바르게 형성되기만 하면, 스윙의 나머지 부분은 자연스런 인체의 움직임에 의하여 자동적으로 수행되기 때문이다. 이미 논의된 바와 같이 다운 스윙은 발로부터 다리, 히프, 몸통, 어깨, 팔, 손, 샤프트, 헤드로 이어지는 인체 분절 의 순차적인 연쇄동작에 의하여 수행된다. 이러한 순서에 따라 인체 분절이 움직이 는 한 헤드는 정상 스윙 궤도를 유지하게 되는 것이다.

그리고 다운스윙은 불과 0.2~0.25초 내외의 빠른 속도로 진행되기 때문에, 우리 가 의식적으로 특정 동작을 컨트롤할 수 있는 여지가 전혀 없다. 다만 인체의 밸런 스가 문제되는 경우 반사신경에 의한 보상 반작용 동작이 작동될 것이다.

## 2) 스윙 궤도의 이탈

인체의 자연스런 움직임에 의하는 한 스윙 궤도는 유지된다고 하였다. 여기에 자 연스럽지 않은 동작이 개입되면 스윙 궤도는 이탈된다. 이에 관련되는 몇 가지 문 제에 대해 알아보자.

### (1) 코킹의 풀림

이는 어깨의 회전으로부터 에너지를 넘겨받은 팔이 다시 클럽에 에너지를 넘겨주 는 과정에서 자연적으로 발생하는 현상이다. 이는 의식적으로 이루어지는 동작이 아니므로, 이를 의식적으로 수행하려고 하면 문제가 발생할 수 있다. 아마추어 골퍼 들의 가장 흔한 에러는 다운스윙 시 상체가 먼저 움직이거나 오른손의 밀기 동작으 로 인하여 코킹이 미리 풀리는 경우인데, 스윙 궤도를 벗어나게 하여 보상동작이 뒤따른다.

### (2) 오른쪽 팔꿈치 동작

흔히 비거리를 내기 위해서 다운스윙 시 오른쪽 팔꿈치를 오른쪽 옆구리에 의도 적으로 붙이려는 노력을 하곤 하는데, 이는 의식적으로 만들어지는 동작이 아니다. 즉, 오른쪽 팔꿈치가 몸통에 붙는 현상은 다운스윙 시 하체의 회전이 이루어짐으로 써 자연스럽게 이루어지는 동작인 것이다.

근본적으로 자연스런 스윙에서의 팔과 손은 수동적으로 움직여야 한다. 그것은 하체와 몸통의 회전에 의하여 당겨지는 것이다. 과거 미국의 유명프로가 우승 인터뷰에서 장타의 비결을 묻는 기자에게, "다운스윙 초기 클럽을 끌어내리듯 스윙한다."고 말한 뒤, 수백만 골퍼들이 이의 연습에 열중했다고 하는 일화가 있는데, 한 마디의 오해가 실로 엄청난 폐해를 몰고 온 케이스라고 할 수 있다. 클럽을 끌어내리는 듯하다는 것은 말 그대로 느낌일 뿐이다. 클럽은 당기는 것이 아니라 당겨지는 것이다.

Photo **7**-14

### (3) 흔한 에러 - 오른손 푸시(Push)

테이크어웨이 시 헤드는 천천히 움직이다가 어깨 근처에서 최대속력에 이르며, 이때의 운동량으로 헤드를 백스윙 탑까지 이르게 한다. 이후 헤드는 다시 감속되면서 백스윙 탑에 다다르면 거의 정지 상태가 되어 운동량이 0에 가깝게 된다. 운동량이 없다는 것은 외부로부터 약간의 힘만 작용해도 쉽게 움직여질 수 있는 취약한 상태에 있음을 의미한다. 다운스윙 초기 오른손의 강한 힘이 작용하면 클럽을 앞으로 밀게 되므로 스윙 궤도를 벗어나게 된다. 이는 주로 오른손 그립을 강하게 잡는 경우 흔하게 발생되는 현상이다(Photo 7-14). 이는 손이 먼저 움직임으로서 인체의 순차적 움직임에 위반한 경우인데, 순서에 반하여 상체가 먼저 회전하는 경우도 비슷한 결과를 초래한다.

### (4) 왼팔뚝의 회전

왼팔뚝의 회전은 백스윙 시 손바닥을 지면으로 향하게 하고, 다운스윙 시에는 손바닥이 하늘 방향으로 향하도록 한다. 왼팔뚝은 백스윙 시 약 30도 정도 회전하면서 어깨의 회전 등과 함께 백스윙 궤도를 정상으로 유지하는 데 기여하며, 다운스윙 시에는 두 가지의 중요한 기능이 있다. 이러한 기능들은 자연스런 인체의 움직임 속에서 자동적으로 이루어진다.

Photo ❼-15 임팩트 시 왼팔뚝은 그 자리에서 회전하면서 스윙 궤도를 유지시켜 준다.

**Ⓐ 바퀴축 기능**

다운스윙 시 헤드의 최대 스피드를 얻기 위해서 우리 인체는 바퀴축 시스템하에서 팔과 클럽의 관성 모멘트를 최소화함으로써, 헤드를 가속시킬 수 있음을 알고 있다. 여기에서 왼팔뚝의 회전이 바퀴축의 기능을 수행하는 것이다. 바퀴축 시스템이 구축되기 위해서는 왼팔과 클럽 샤프트 사이에 각도가 있어야 한다. 왼팔과 샤프트가 일직선이라면 이는 바퀴축 시스템이 아니고 단순 지레 시스템이 되므로, 헤드 스피드를 극대화할 수 없다. 바퀴축 시스템하에서 왼팔뚝 회전은 손목의 코킹 풀림과 함께 작용하면서 헤드의 스피드를 극대화시키는 작용을 한다.

**Ⓑ 스윙 궤도의 유지**

코킹의 풀림이 시작되면서 헤드는 가속화되는데, 이때 헤드의 원심력에 의하여 팔뚝의 회전이 자연적으로 이루어지게 된다. 그런데 다운스윙에서는 코킹을 가급적 지연해서 풀어주어야 스윙 궤도를 유지할 수 있다. Photo 7-15와 같이 임팩트에 가까운 지점까지 왼팔뚝의 회전은 거의 이루어지지 않은 채 다운스윙이 진행된다. 이러한 상태가 더 계속되면 헤드가 가진 원심력으로 인하여 스윙 궤도를 이탈하려고 할 것이다. 이때 왼팔뚝이 몸의 안쪽으로 회전하면서 헤드를 정상 스윙 궤도에 잡아두게 되는 것이다.

다운스윙 중 그립을 너무 강하게 잡으면 손목과 팔뚝이 연쇄적으로 경직되므로 팔뚝의 회전이 방해를 받게 되어 스윙 궤도를 벗어나거나, 클럽 페이스가 오픈된 상태로 볼과 접촉하게 되므로 슬라이스가 나게 될 것이다.

## 3) Down or Forward?

'포워드'는 보통 '앞으로', '전방으로 내보내다'의 의미로 사용되며, 다운스윙을 '포워드 스윙'이라고도 한다. 스윙에 대한 이미지는 우리 뇌에 직접적으로 영향을 주므로 명확하게 해둘 필요가 있다. 다운이냐 포워드냐의 문제는 인체의 움직임을 결정하는 매우 중요한 스윙 이미지이다.

골프 스윙에서는 볼을 전방으로 멀리 내보낸다는 이미지를 갖기 쉬우므로, 포워드 스윙이라고 생각할 수 있다. 대부분의 주말 골퍼들의 스윙 형태는 단지 볼을 앞으로 내보내야 한다는 생각이 앞서 포워드가 많은 것 같다. 한편 골프 스윙은 언더 암 드로 형태의 던지기 동작이므로, 동작 수행 시 팔과 상체가 아래로 내려오며, 클럽은 백스윙 시 올려졌다가 다운스윙 시 다시 내려온다고 생각하면 다운스윙이라고 볼 수도 있다.

이상의 관점을 정리하면, 먼저 팔과 클럽이 다운됨으로써 볼을 앞으로 내보낸다는 것이 정확하다고 생각한다. 흔히 볼을 앞으로 보내려는 생각이 앞서면 상체나 팔을 타깃 방향으로 움직이게 하는 경향이 있으며, 이는 종종 미스 샷을 유발하는 요인이 되는 것이다. 다운스윙 시 어깨의 다운 동작은 우리 인체의 움직임을 자연스럽게 이끌어 주는 역할을 해 주므로 팔과 클럽은 확실히 다운되어야 하며, 그 이후에 포워드 동작이 이어지는 것이다(Photo 7-16).

## 5. 폴로스루(follow-through)

### 1) 스윙 오류의 인과관계

운동기능은 통상 예비동작 및 정신적 준비―백스윙(와인드업)―폴로스루의 4개 국면으로 구분한다. 골프 스윙도 어드레스 동작을 시작으로, 각각의 국면이 연쇄반응을 일으키듯이 다음 국면을 선도하면서 영향을 미친다. 이러한 특성은 앞의 국면에서 발생한 오류가 그 다음에 수행되는 모든 국면에 영향을 미치게 된다는 것을 의미한다. 어드레스나 백스윙 중 오류가 있었다면 이 효과는 스윙의 나머지 부분에 영향을 미친다. "모든 오류는 그것이 발생한 국면에서 기인한다."는 생각에 집착해서는 안 된다. 오류가 발생한 국면의 앞에 수행된 모든 국면을 검토해야 하는 것이다.

| 예비동작 및 정신적 준비 | ➡ | 백스윙(와인드업) | ➡ | 힘 생성 동작 | ➡ | 폴로스루 |
| :---: | :---: | :---: | :---: | :---: | :---: | :---: |
| (셋업) | | (백스윙) | | (다운스윙) | | (폴로스루) |

(a) down　　　　　　　　　　　　　　　(b) forward

Photo ⑦-16

　이 점은 골프 스윙에 있어 중요한 의미를 가진다. 골프 스윙은 다른 운동에 비해 국면간 동작의 연계성이 매우 높아 어느 국면에서의 오류는 그 이전 국면에서 발생 되었을 개연성이 큰 경우가 많다. 예를 들면 헤드업은 결과행위이므로, 그 이전 단계에서 헤드업을 하게 된 원인을 찾아 이를 교정해야 할 것이다. 각종 매체를 통해 우리는 초보자의 폴로스루 동작을 교정해 주는 장면을 종종 목격하게 되는데, 이는 스윙의 인과관계에 대한 이해가 부족한 경우이다. 폴로스루가 잘못 되었다면 그 이 전의 단계에서 이미 문제가 발생된 경우이므로, 그 원인을 찾아 해결할 일이지 폴로스루를 교정해서 될 일이 아니다. 그리고 폴로스루가 잘 이루어졌다면 그 이전 동작들이 모두 잘 수행되었을 개연성이 매우 크다고 할 수 있는 것이다.


## 2) 폴로스루의 의의

　이는 힘 생성 동작이 완료된 직후에 곧바로 일어나는 동작을 말한다. 던지기 동작에서는 물체(공, 원반, 포환 등)가 투사된 직후 수행되고, 치기 동작에서는 타격

직후에 수행된다. 골프에서는 임팩트 직후 수행된다. 많은 경우 힘 생성 동작이 완료된 후에 바로 동작을 멈추는 것은 불가능하며, 이는 상해의 원인이 되기 쉽다. 운동기능을 수행하는 과정에서 발생된 운동량은 힘 생성 동작이 완료된 후에도 선수의 인체를 운동 경로에 따라 계속 움직이게 한다. 폴로스루는 나머지 운동량을 분산시키는 과정이므로 자연스럽게 이루어져야 한다.

### 3) 골프의 폴로스루

헤드에 집중되어 있는 운동량은 임팩트 시 볼에 일부 운동량을 전달하고, 나머지 운동량은 폴로스루에 의해 분산, 흡수되면서 스윙 궤도를 유지하게 된다. 이때 왼팔뚝은 헤드의 운동량에 의해서 계속 회전하며, 그 결과 왼손목도 자연스럽게 다시 코킹되어 어깨 뒤로 넘어가게 된다.

### 6. 결론

지금까지 스윙 궤도를 유지하기 위한 스윙 단계별 인체 움직임의 특성을 알아보았다. 이는 테이크어웨이를 제외한 스윙의 나머지 부분은 인체의 자연스러운 동작에 의해서 이루어지며, 자연스런 동작이란 간단하고도 가장 효율적인 움직임을 의미한다고 하였다. 사실 우리의 인체는 매우 복잡한 반면 무수한 가능성을 가진 존재로서, 본 장에서 설명된 부분 중 이와 다른 방법이나 움직임에 의해서도 충분히 소기의 목적을 달성할 수는 있는 것이다.

그립의 형태, 코킹 타이밍, 팔뚝의 회전 정도 등의 개별적 움직임은 개인의 신체적 조건, 나이 등에 따라 달라질 수 있다는 것이다. 다만 각각의 움직임은 전체 스윙에 조화되고 기여할 수 있어야 할 것이다.

**8**

# 어깨의 회전과 비거리

# 8 어깨의 회전과 비거리

골프에 있어 어깨의 회전은 스윙의 핵심처럼 보인다. 어깨회전을 크게 하면 비거리를 증가시킬 수 있다는 고정관념이 더욱 그렇게 만드는 것 같다. 그러므로 비거리를 남성의 상징이요, 자존심(ego)으로까지 연관시키는 다수의 남성 골퍼들이 어깨의 회전에 대하여 지대한 관심을 보이는 것은 당연하다. 본 장에서는 어깨회전과 상관관계에 있는 비거리 문제, X-factor 이론 및 백스윙의 크기에 대해 알아보기로 한다.

## 1. 어깨회전은 골프 스윙의 중간 단계

호주에는 매주 프로암대회가 열리고 있어, 누구나 신청만 하면 프로 골퍼 2명과 아마추어 골퍼 2명이 한 조가 되어 라운딩을 하는 기회를 가질 수 있다. 필자도 호주에 있으면서 거의 빠지지 않고 프로암대회에 참가하였는데, 그때마다 필자가 라운딩 파트너인 프로들에게 일관되게 질문한 내용이 있었다.

"골프를 잘 치려면?" "드라이버를 잘 치려면?"이었다. 이에 대한 그들의 대답은, 마치 동전을 넣고 누르면 나오는 자판기처럼 자동적이었다. 첫째 질문에 대한 답은 "쇼트 게임과 퍼팅 연습을 많이 하라."였으며, 둘째 질문에 대한 답은 "어깨회전을 가급적 많이 하라."였다. 당시 보기플레이 수준의 필자는 하늘처럼 높아만 보였던 프로들의 충고를 금과옥조로 삼았던 기억이 있다.

그러나 스윙의 원리를 알게 된 지금에는, 둘째 답처럼 지나치게 어깨회전을 강조하는 것은 그다지 바람직하지 않은 충고라는 생각이 든다. 왜냐하면 골프는 온몸운동이기 때문이다.

이미 언급했듯이 골프 스윙은 인체 분절의 순차적인 움직임에 의해서 수행되는데, 히프와 다리의 회전에 의해서 생성된 힘은 그보다 질량이 작은 분절로 힘을 전달하게 됨으로써, 그 분절은 더욱 빠른 속도로 회전하게 된다. 이런 순차적인 움직임에 의하여 마지막 분절인 클럽헤드는 최대의 속도를 얻게 된다고 하였다. 이런 일련의 과정에서 어깨회전은 하나의 중간 역할을 담당하는 것이다.


## 2. 어깨회전과 비거리

골프 스윙에 있어 어깨회전은 어떠한 기능과 역할이 있는지 알아 본 후에 어깨회전은 비거리와 어떤 상관관계가 있는지, 이에 대한 신뢰할 만한 실험 결과를 통하여 살펴보기로 하자.


### 1) 어깨회전의 기능과 역할

첫째, 어깨회전은 스윙의 중간 단계로서 앞 단계인 몸통의 회전에 의해서 당겨지며, 뒷단계인 팔을 당겨주는 역할을 하게 된다. 이러한 분절의 순차적인 회전은 인체 중심에서 생성된 에너지를 전달하는 과정이므로, 이것이 효율적으로 이루어질 수 있는 정도의 충분한 어깨회전이 필요할 것이다. 어깨회전이 불충분한 경우에는 앞 분절에 의해서 당겨지는 정도가 약하게 되고, 이는 연쇄적으로 다음 분절에 영향을 미치게 될 것이므로 막대한 에너지의 손실이 생긴다.

둘째, 던지기 동작에서의 백스윙은 인체의 순차적인 움직임을 위해서 질량이 작은 분절을 몸의 뒤로 옮겨놓는 절차이다. 중심 분절이 회전을 시작하게 되면, 이렇게 뒤에서 기다리던 분절들은 자신의 순서에 맞추어 회전하면 되는 것이다. 이의 이유는 백스윙되는 분절, 특히 어깨회전에 의하여 몸통 근육이 신전(stretch)되는데, 이는 다운스윙 시 분절의 당겨짐을 효과적으로 만들어 준다. 고무줄 총이 뒤로 당겨졌다가 퉁겨져 발사되는 것과 같은 효과이다.

이 효과를 얻기 위해서 어깨회전은 충분히 이루어져야 한다.


### 2) X-factor 이론

이는 짐 매클린의 스윙 이론인데, X-factor란 스윙에 있어 히프의 회전각과 어깨의 회전각과의 차이를 말한다. 그는 미국의 투어 프로 선수들을 대상으로 X-factor

를 조사한 결과 골프 스윙에 있어 헤드 스피드와 파워는 어깨와 히프가 회전하는 각도의 차이가 클수록 증가하고, 따라서 비거리도 늘어난다는 사실을 발견하였다.

또한 파워 히터 중 어느 누구도 종래 스윙 파워 생성에 이상적인 조합이라고 여겨졌던 어깨 90도, 히프 45도 회전을 하는 사람은 없었다고 한다. 예컨대 존 데일리는 어깨 114도, 히프 66도로서 그 차이가 48도를 기록, 조사대상 프로 중 가장 큰 것으로 나타났으며, 투어 프로 중 쇼트 히터인 레니 클레멘츠와 마이크 레이드는 각각 27도와 30도로서 가장 낮은 수치를 보였다고 한다.

장타자라고 하여 반드시 어깨회전을 많이 하지 않았으며, 어깨회전을 많이 한다고 하여 장타를 날리는 것은 아니었다고 한다. 그러나 장타자들은 모두 회전각의 차이가 크게 나타났다고 하는데, 중요한 것은 장타자의 경우 히프보다 어깨의 회전 비율을 크게 함으로써, 많은 차이 각을 형성하고 있었다고 한다. 결국 골프 스윙은 얼마나 많이 회전하는가가 아니고 어떻게 회전하느냐의 문제로 결론짓고 있다.

Photo ❽-1

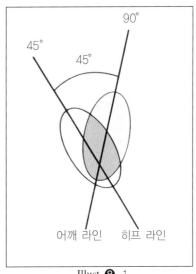

Illust ❽-1

### 3) 어깨회전과 비거리

X-factor 이론의 결론에 따라 차이 각을 크게 할 수 있는 방법을 생각해 보면, 어깨회전을 적게 하면서 동시에 히프의 회전을 더욱 적게 하거나, 어깨회전을 많이 하되 히프의 회전도 크게 하는 경우 등 여러 개의 실행 가능한 조합이 발생한다. 가장 바람직한 것은 X-factor 실험결과에서 나타난 것처럼, 어깨회전을 많이 하고 히프의 회전을 최대한 억제하는 방법일 것이다. 이러한 생각은 뭔가 정해진 사실을 놓고 꿰어 맞추는 느낌이 드는데, 실제 인체의 움직임 특성을 도외시하였기 때문이다.

실제 인체의 움직임 형태는 이미 알고 있는 대로 분절의 순차적인 움직임이다. 그림과 같이 백스윙이 진행되는 동안 왼발은 타깃 방향을 향하여 움직이고 있다. 그리고 그때까지 회전된 히프를 원위치로 되돌리고 있으며, 어깨는 계속 몸 뒤로 회전하면서 어깨 회전각을 계속 증가시키고 있다. 이러한 움직임에 의하여 인체는

Photo ⑧-2

충분히 신전되며, 히프와 어깨의 회전각 차이를 극대화할 수 있는 것이다. 형식적, 외형적으로 어깨회전만 많이 한다고 해서 비거리가 늘어나는 것이 아님은 명백하다. 스윙 파워를 크게 하는 비결은 바로 이러한 스윙 동작을 원리에 따라 올바르게 가져가는 데 있다.

### 3. 겨드랑이를 자물쇠로 잠가라?

어깨회전의 중요한 역할은 하나의 인체 분절로서 운동에너지의 효율적인 전달에 있다. 이를 효과적으로 수행하기 위하여 유의할 점이 있다.

우선 백스윙 시 어깨회전을 용이하게 하려면 어드레스 시 양쪽 겨드랑이가 약간

Photo 8-3

조이는 듯한 느낌이 있어야 한다. 의식적으로 힘을 주어서는 안 되며, 팔과 몸통이 겨드랑이에서 자연스럽게 밀착되는 느낌을 갖는 것이 좋다. 이는 겨드랑이를 조이는 데 포인트가 있는 것이 아니고, 어드레스 시 팔의 위치와 올바른 그립을 취하면 자동적으로 달성되는 것임을 명심해야 할 것이다.

그리고 다운스윙 시에는 왼팔과 몸통이 겨드랑이 부분에서 밀착되어 왼팔과 몸통이 일체가 되어 움직이게 함으로써, 운동에너지 전달을 확실하게 하므로 파워의 손실을 최소화할 수 있는 것이다. 즉, 인체 분절간 연쇄반응이 진행될 때 어깨로부터 팔로 운동에너지가 전달되는 과정에서 팔이 몸통과 분리된 상태에서 임팩트가 이루어지면, 에너지가 충분히 전달되지 못하므로 스윙 파워가 떨어지게 되는 것이다.

문제는 다운스윙 시 어떻게 왼팔과 몸통을 밀착시키는가인데, 놀랍게도 스윙의 원리, 즉 인체 분절의 순차적인 움직임에 의하여 자동적으로 달성된다는 점이다.

이 부분은 다운스윙에서 매우 중요한 과정이다. Illust 8-2와 같이 테이크어웨이 시 왼팔과 몸통은 밀착되어 움직이다가 백스윙 탑에 이르면 왼팔과 몸통은 어느 정도 분리되어 겨드랑이 부분에 공간이 생기게 된다. 인체 분절의 순차적인 움직임에 의하면 하체가 먼저 회전되고 상체는 하체의 회전에 의하여 당겨지게 되는데, 그림에서 보는 바와 같이 하체가 먼저 회전하면 왼팔과 몸통은 자연히 밀착되는 것이다. 잠시 일어나 백스윙 탑을 만든 상태에서 손을 움직이지 말고 하체를 회전시킴으로써 왼팔과 왼쪽 가슴이 밀착되는 것을 느껴 보기 바란다.

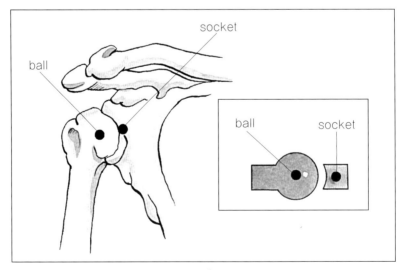

Illust **8**-2

많은 골프 책과 교습가들이 백스윙 시나 다운스윙 시 왼팔이 가슴을 스치듯이 지나가야 한다고 강조하는데, 이는 의식적으로 수행할 동작이 아님을 알아야 한다. 여기에서 다시 강조하고 싶은 사항은 이제까지 우리들이 다운스윙 시 오른쪽 팔꿈치를 옆구리에 밀착시킨다거나 수건을 겨드랑이에 끼고 왼팔과 몸통을 일체로 움직이게 하는 등 의식적으로 만들어 내려는 동작 중 많은 부분이 스윙 원리에 의한 인체 움직임에 의하여 자연스럽게 달성된다는 사실이다.

앞에서와 같이 왼팔과 몸통의 관계는 효율적인 스윙을 위해서 매우 중요하다. 이의 근거는 어깨 관절의 특성에서 찾아 볼 수 있다. 앞의 그림과 같이 테이크어웨이 시 팔과 손에 의한 경우, 팔과 손은 상당 거리를 이동하였지만, 어깨는 거의 움직이지 않은 상태이다. 이를 설명하기 위해서는 어깨 관절의 구조를 알 필요가 있다.

어깨 관절은 소위 구관절(ball and socket joint)이라 하여, 여러 방향으로 자유로이 운동하는 다축성 관절로서 운동범위가 관절 중 가장 크다. 이렇게 자유도가 큰 만큼, 어깨와 팔의 어깨 관절에서의 상호 의존도나 결합 정도가 크지 않다. 즉, 팔은 어깨의 움직임과 관계없이 독립적으로 움직일 수 있는 자유도가 매우 크다는 얘기다. 바람직하지 않은 경우이지만 어깨회전 없이 팔만으로 백스윙을 완성할 수도 있다. 이러한 어깨 관절의 특성으로 인하여 스윙 중 팔과 몸통이 분리되면 운동에너지의 손실이 많아지는 것이다.

## 4. 백스윙의 크기 – 간결한 백스윙

이상과 같이 '어깨 회전각 – 히프의 회전각'의 차이가 커짐에 따라 비거리도 비례하여 증가함을 X-factor 이론을 통해 보았으며, 이는 인체의 순차적인 움직임에 의해서 가장 효율적으로 달성될 수 있음도 알았다.

어깨와 히프의 회전각은 백스윙의 크기에 직접 영향을 미치게 되는데, 백스윙의 크기와 형태는 골퍼마다 천차만별이다.

연령별로 백스윙의 크기를 비교해 보면 재미있는 현상을 발견할 수 있는데, 이는 운동 발달(motor development)과 관련이 있다. 보통 주니어 골퍼나 여성 골퍼들은 백스윙이 큰 반면, 시니어 프로들의 경우에는 젊은 시절에 비해 매우 간결한 백스윙을 구사하고 있다.

프로 선수들 중, 존 데일리나 김미현처럼 아주 큰 백스윙을 구사하는 선수가 있는가 하면, 다렌 클라크, 앨런 도일, 다나 퀴글리 같은 선수는 백스윙의 크기가 보통 선수의 1/2 정도에 불과하지만 비거리 면에서 결코 밀리지 않는다. 여기에서 우리는 간결한 백스윙의 가능성을 엿볼 수 있다. 그리고 이의 토대는 스윙의 원리에서 찾아져야 할 것이다.

그렇다면 백스윙의 크기는 어떤 원리에 의해 정해질 수 있을까?

첫째, 인체 특히 어깨의 운동범위이다. 각 인체 분절은 무한정 회전하지 아니하고, 일정 범위 내에서 움직인다고 하였다. 이 범위를 초과하여 어깨가 회전하는 경우 추가적인 힘이 필요한데, 이 과정에서 불필요한 근육의 긴장을 초래할 수 있다. 그리고 초과 회전된 부분은 이를 되돌리는 데 많은 힘이 소요되므로, 힘의 원천인 다리와 히프를 매우 빠르게 회전시키지 않으면 안 되는데, 존 데일리가 아닌 아마추어 골퍼에게는 쉽지 않은 일이다.

둘째, 백스윙 탑 근처에서 팔의 속도가 0이 되어 있어야 한다는 점이다. 동시에 팔이나 손은 이완되어 있어야 한다. 힘이 남아 있으면 다운스윙 시 팔이 가속되지 않기 때문이다.

그러므로 백스윙의 적정 크기는 팔의 속도가 0이 되는 어깨의 운동범위 한계점 부분이라고 할 수 있다.

잭 니클러스는 백스윙의 크기에 대해 그립을 잡은 손이 어깨에 이르면 백스윙은 완성된다고 하였으며, 타이거 우즈의 백스윙 크기도 거의 같은 수준이다. 타이거 우즈의 데뷔 시절, 어떻게 하면 당신처럼 장타를 칠 수 있는가에 대한 기자의 질문에, "나는 다운스윙 시 나의 히프를 가능한 빨리 회전시키는 것 이외는 아무 것도 생각하지 않는다."고 말한 적이 있다. 타이거의 이 말이야말로 우리가 추구하는 스윙의 본질을 가장 간결하고도 적절하게 표현하고 있다 하겠다. 타이거의 말에서의 주안점은 히프를 빨리 회전시키는 데 있는 것이 아니라, 히프의 회전이 스윙의 핵심이라는 사실이다.

결국 인체의 순차적인 움직임, 특히 히프의 회전이 정확히 뒷받침됨으로써 간결한 백스윙이 기능할 수 있는 것이다.

9

# 왼팔과 오른팔의 기능

## 9 왼팔과 오른팔의 기능

스윙은 특별한 사정이 없는 이상, 두 팔로 하게 되어 있다. 그런데 두 팔은 각각 다른 기능을 수행하되, 협동하여 스윙의 완성에 관여하고 있으므로, 골퍼들은 두 팔의 기능을 잘 알고 사용하여야 할 것이다.

특히 오른팔과 오른손의 사용에 대해 각종 매체를 통하여 종종 접하게 되는데, 적잖이 혼란스럽다. "왜?", "어떻게?"에 대한 설명이 부족하기 때문이다. 본 장에서는 양팔이 수행하는 기능을 알아보고자 한다.

### 1. 스윙은 왼팔이 주도한다

이유는 간단하다. 골프 스윙은 인체가 타깃에 대하여 옆으로 선 상태에서 이루어지기 때문이다. 오른손잡이의 경우, 어드레스 자세에서 몸의 왼쪽 방향에 위치한 타깃으로 볼을 보내야 하는 것이다. 그냥 서 있는 상태에서 타깃을 향하여 왼팔만으로 스윙을 해 보고, 다시 오른팔만으로 스윙을 해 보자. 그림과 같이 왼팔의 경우에는 타깃을 향하여 비교적 자연스러운 스윙이 이루어지나, 오른팔 스윙의 경우에는

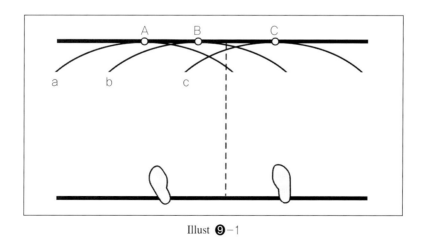

Illust **9**−1

팔이 몸 안쪽으로 회전하므로 타깃의 왼쪽으로 볼이 날아가기 쉬울 것이며, 그림에서의 스윙 궤도상 오른발 앞쪽 어디엔가 볼을 두어야 할 것이다.

결론적으로 골프의 특성과 우리 인체 구조의 특수성으로 인하여, 골프 스윙은 왼팔이 주도할 수밖에 없는 것이다(왼팔의 움직임이 스윙 궤도를 결정한다는 의미임).

한 걸음 더 나아가 보자. 왼팔이 스윙을 주도해야 한다는 사실이 밝혀졌으므로, 오른팔은 왼팔과 동일한 역할을 할 수 없음도 또한 자명하다. 다시 양팔로 스윙을 해 보자. 이때의 스윙 궤도는 Illust 9-1에서와 같이 왼팔 스윙과 오른팔 스윙의 중간 어디에선가 이루어지겠는데, 왼팔이 주된 팔의 역할을 한다면 스윙 궤도의 최저점은 양발의 중간보다 왼발 쪽에 근접된 지점이 될 것이다.

그리고 이러한 간단한 원리는 볼의 위치를 정하는 기준이 되기도 한다. 쇼트 게임의 경우를 제외한 보통 샷의 경우 양발의 중간보다는 왼발 쪽에 가깝게 놓여지는데, 정확한 위치는 양팔로 스윙했을 때 지면과 접촉하는 최저점의 바로 뒤가 될 것이다. 왜냐하면 클럽헤드는 큰 공(＝지구)보다 작은 공(＝골프 볼)을 먼저 쳐야 하기 때문이다.

연습장에서 볼을 치다 보면 자신도 모르게 볼의 위치에 인체의 움직임을 맞추게 되는 경우가 종종 있다. 뭔가 스윙이 부자연스럽게 느껴지고 자신이 의도하지 않은 방향으로 볼이 나가거나 뒷땅을 치는 경우, 상체가 자꾸 앞으로 쏠리는 경우가 그것이다. 볼 위치는 가장 중요하면서도 가장 관심을 두지 않는 요소 중 하나이다.

연습장에서 볼 없이 고무판에 대고 스윙을 하면 고무판에 클럽 자국이 생기게 되는데, 그 고무자국 바로 뒤가 자신의 정확한 볼 위치가 될 것이다. 볼의 위치는 인체의 움직임과 그에 따른 스윙 궤도에 맞추어 설정되어야 한다.


## 2. 오른팔은 왼팔을 보조한다

왼팔이 스윙의 궤도를 형성하는 주된 역할을 하므로 오른팔은 필연적으로 이를 보조하는 기능을 수행하게 될 것이다. 오른팔이 어떤 방법으로, 어떻게, 어느 정도 보조하게 되는지 알아보기로 한다.

## 1) 복합지레의 구성

왼팔과 클럽은 인체의 중심축을 중심으로 회전하면서 정상 스윙 궤도를 형성하게 되는데, 왼손목을 기준으로 왼팔은 상부지레(upper lever)의 역할을, 클럽은 하부지레(lower lever)의 역할을 담당한다. 여기에 오른팔이 가세하면서 상부지레는 단일지레가 아닌 복합지레(composite lever) 형태가 된다. Photo 9-1과 같이 상부지레는

Photo ⑨-1

단일지레인 경우에는 매우 취약한 구조였으나 오른팔이 더해짐으로써, 삼각형의 튼튼한 구조로 변모하게 되는 것이다.

삽의 손잡이 부분을 보면, 모양이 삼각형의 복합지레 형태로 되어 있다. 손잡이 부분이 일직선으로 되어 있는 삽으로 작업을 한다고 생각해 보자. 안정성이 감소하여 상하좌우의 흔들림이 예상되며, 이를 유지하는 데 필요한 힘과 에너지의 소비가 증가하게 될 것이다.

그러므로 오른팔의 가세로 인한 상부 복합지레는 스윙 중—특히 운동량이 적은 테이크어웨이 시나 백스윙 탑에서 왼팔의 흔들림을 잡아주는 한편, 클럽을 효율적으로 움직일 수 있는 틀(framework)을 만들어 주는 것이다.


## 2) 받침대와 밀대 기능

오른팔의 기본 기능은 한 마디로 왼팔을 지지(support)하는 기능이다. 왼팔은 스윙 궤도를 이루는 중심 역할을 하며, 오른팔은 왼팔이 정상 스윙 궤도를 유지할 수 있도록 받쳐주는 역할을 수행한다는 의미이다. 스윙 궤도를 유지하기 위한 팔의 움직임에 대해서는 이미 6장에서 살펴보았는데, 여기에서는 오른팔의 기능을 중심으로 알아보기로 한다.

오른팔이 지지 및 보조하는 형태에 따라 백스윙 시에는 받침대 기능, 다운스윙 시에는 밀대 기능이라 명명해 보았다.


### (1) 받침대 기능

Ⓐ 테이크어웨이 시 클럽헤드의 정지관성을 극복하고 헤드를 움직이기 위해서는 운동량이 필요한데, 이는 어깨와 팔의 회전 움직임에 의하여 공급된다 하였다. 만약 왼팔만으로 테이크어웨이를 한다고 생각해 보자. 우선 많은 힘이 필요하고, 움직임이 불안정해져서 스윙 궤도로 진입시키는 데 많은 어려움을 겪게 될 것이다. 여기에 오른팔의 존재 의의가 있는 것이다.

이때 유의할 점은 오른팔과 오른손은 클럽을 받치고 있는 이상도 이하도 아니라는 것이다. 왼팔의 움직임에 따라 수동적으로 움직일 뿐이다. 그것만으로도 복합지레 시스템을 충분히 견고하게 해 주므로, 팔과 손의 근육작용을 통하여 별도의 힘을 공급할 여지는 전혀 없다. 오른팔에 근육작용이 일어났다면 이는 스윙 궤도를 벗어나게 하는 움직임이거나, 잘못된 스윙 궤도를 수정하기 위한 움직임일 것이다. 오른팔과 손을 이용해서 클럽을 들어올리는(lift) 골퍼들이 적지 않은데, 이는 중대한 오류에 해당하므로 다른 것에 우선하여 시정해야 할 사항이다.

**B** 백스윙 중에는 헤드의 운동량이 증가되므로, 헤드 자체의 원심력에 의하여 스윙 궤도를 만들어 가게 될 것이다. 헤드가 허리 높이에 이르면서 자연적으로 오른팔은 팔꿈치를 축으로 접어지기 시작하는데, 이는 마치 오른팔이 왼팔을 정상 스윙 궤도로 안내하는 듯한 움직임이다. 주말 골퍼들은 양팔에 힘이 많이 들어가서 오른팔이 접혀지지 않는 경우가 많은데, 이 경우 스윙 궤도는 몸통의 바깥으로 빠지게 된다.

**C** 클럽헤드는 원심력에 의하여 계속 회전하다가 어깨 높이를 지나면서 감속되기 시작하여, 백스윙 탑에서 정지하였다가 다시 바로 이어 다운스윙으로 이어진다. 이렇듯 백스윙 탑을 전후하여 움직임의 변화가 큰 반면, 헤드의 운동량은 거의 없어 외부의 힘에 의해 쉽게 움직여질 수 있는 취약한 상태가 되는데, 이를 오른팔이 지지해 준다. 참고로 백스윙 탑에서의 팔의 형태를 보면 왼팔과 클럽이 손목에서 90도를 이루며, 오른팔은 팔꿈치를 기준으로 'L'자를 만들면서 90도를 유지하고, 오른손은 90도 각도로 접혀져서 클럽을 받쳐준다. 이들 L자형 구조는 가장 안정적인 물리구조로서, 어깨의 회전과 함께 부드러운(이완된, relaxed) 팔, 부드러운 손목에 의해 이루어진다. 이러한 매우 튼튼한 구조는 의식적인 노력이 아닌 인체의 자연스런 움직임에 의해서 만들어짐을 유념해야 한다.


## (2) 밀대 기능

백스윙 탑에서의 오른팔의 L자 형태는 헤드가 어깨와 허리 중간 지점에 이르기까지 그 형태를 유지하면서 받침대 역할을 충실히 수행한다. 이후 팔로부터 클럽으로의 에너지 전달이 이루어지면서 헤드가 가속되는데, 헤드의 원심력에 의하여 오른팔이 다시 펴지기 시작한다. 이와 동시에 왼팔의 코킹도 풀리기 시작한다.

그러면 오른팔의 밀대 기능이란 무엇일까? 이 부분은 몇몇 교습가들이 오른팔과

Photo ⑨-2

오른손을 적극적으로 사용해야 한다고 주장하는 근거라고 생각되어 자세히 살펴보고자 한다.

오른팔이 펴지는 움직임은 오른손이 클럽에 놓여 있는 위치가 정확하고, 오른팔이 스윙 궤도 내에서 움직이는 한 코킹의 풀림을 가속화시킨다는 것이다. 이러한 밀기(pushing)에 의하여 헤드 스피드를 증가시킬 수 있다는 것이다.

이는 일리가 있는 얘기이다. 왜냐하면 다운스윙 시 오른팔은 중력의 영향을 받아 지면으로 당겨지는 힘을 받고 있으며, 오른팔 자체의 운동량('오른팔의 무게×팔이 움직이는 속도'이므로, 성인 남자의 경우 팔의 무게가 약 4~5kg 정도임을 감안할 때 적지 않은 운동량이다)을 갖고 있으므로 그렇게 생각할 수 있다. 그러나 오른팔의 움직임은 왼팔의 움직임에 의한 수동적, 자연적인 것이므로 오른팔이 운동량을 갖고 움직인다 하더라도 그것은 왼팔의 스윙 궤도를 유지하는 목적으로서만 기여할 뿐이지 추가적인 헤드 스피드 증가에는 봉사하지 아니한다. 이러한 오른팔 밀기를 적극적으로 수행하게 되면 Photo 9-2와 같이 코킹이 일찍 풀리게 되므로, 당장 타이밍이 맞지 않을 뿐 아니라 파워의 손실이 커진다(Photo 9-3(c)).

그리고 다운스윙 중 헤드의 원심력이 증가함에 따라 헤드는 스윙 궤도를 벗어나

타깃의 오른쪽 방향으로 움직이려는 경향이 생기는데 Photo 9-3(c), 이를 안으로 끌어들여 인사이드인의 스윙 궤도를 유지하는 것은 왼팔뚝의 회전에 의한다고 하였다(Photo 9-3(b)). 이러한 왼팔뚝의 회전으로 인하여 그립을 잡고 있는 양손은 왼팔뚝의 회전과 같은 방향으로 회전하게 된다. 이러한 현상은 임팩트 시 마치 오른손이 왼손을 덮으면서 볼을 낚아채는 듯한 느낌을 갖게 하는데, 실제로 오른손은 왼팔뚝의 회전에 의해서 수동적으로 당겨지는 것이다. 즉, 임팩트 순간 오른팔은 아직 완전히 펴지지 않으며, 임팩트 이후 오른팔은 완전히 펴지는데, 이는 헤드의 원심력에 의하는 것이지, 오른손의 힘에 의한 것이 아니다(헤드의 스피드가 오른팔이 움직이는 속도보다 훨씬 빠르다는 사실을 상기해 보라). 그래서 마치 임팩트 시 오른손으로 힘을 가하는 것처럼 느껴진다는 것이다. 이러한 현상을 두고 오른손을 사용하라고 하는 것은 오버센스가 되는 것이다.

또한 왼팔뚝의 회전도 헤드의 원심력에 의하여 자연스럽게 이루어지는 것이며, 왼팔뚝의 회전을 오른팔뚝이 뒤따라가면서 보조해 주는 것이다. 여기에서도 역시

(a)                    (b)                    (c)

Photo ⑨-3

오른팔과 오른손의 적극적인 움직임은 고려하지 않는 것이 바람직하다.

이상과 같이 골프 스윙에 있어 오른팔은 왼팔의 스윙을 지지해 주고, 타격 구역 내에서는 오른팔과 공조하여 클럽의 원심력을 이겨내면서 인사이드인의 스윙 궤도를 유지할 수 있도록 도와준다. 이러한 과정에서 오른팔은 기본적인 왼팔 주도의 스윙 형태에 변화를 주는 움직임을 수행해서는 안 되며, 철저히 왼팔 주도 스윙에 봉사하는 형태가 되어야 한다. 왼팔 주도 스윙과 오른팔의 지지 역할은 바로 인체의 자연스런 움직임에 의한 것이기 때문이다.


## 3) 스윙의 감각과 오른손의 역할

오른손잡이의 경우, 스윙 중 클럽헤드의 위치나 움직임에 대한 정보는 주로 오른손을 통하여 중추신경에 전달된다고 한다. 오른손은 스윙의 감각과 느낌을 뇌에 전달하고, 뇌는 이 정보를 바탕으로 해당 근육에 동작을 지시하게 된다. 그리고 오른손은 왼손에 비해 강력한 파워를 갖고 있어 틈만 나면 개입하려는 경향이 있다. 어떠한 동작이 필요한 경우 대개 오른손이 먼저 움직이는 것은 그만큼 오른손의 감각과 운동능력이 발달되어 있기 때문이다. 유감스럽게도 골프는 왼손 주도의 구조이므로, 이러한 오른손의 강력한 힘을 효과적으로 제어하는 것이 좋은 스윙의 기본이 되는 것이다.

퍼팅의 귀재인 벤 크렌쇼 선수는 퍼팅에서 왼손은 방향, 오른손은 힘이라고 말하고 있다. 오른손의 감각을 이용하여 볼의 스피드를 조절한다는 의미이다. 여기에서 짚고 넘어갈 문제가 있다. 스윙의 감각과 느낌은 매우 주관적인 것이어서 골퍼마다 기술 수준이 다르고 인체 특성과 움직임이 다르기 때문에, 같은 동작이라도 나타나는 결과는 다를 수가 있다.

그렇기 때문에 자신의 감각과 느낌을 다른 사람에게 전하는 경우에는 신중해야 한다. 오른손이 스윙의 감각과 느낌(feeling and touch)을 담당한다고 하여, 그것이 바로 오른손을 적극적으로 사용해야 한다는 의미는 아니다. 반복하지만 오른손의 사용은 자연스런 스윙을 위해서 가급적이면 배제되어야 한다.

# 10

# 볼의 비행 법칙(Ball Flight Laws)

# 10 볼의 비행 법칙(Ball Flight Laws)

## 1. 볼의 비행 법칙이란?

### 1) 개념

지금까지 설명되어 온 그립, 스탠스, 어드레스 자세, 스윙 궤도 및 인체의 순차적인 움직임 등에 의해서 스윙된 볼은 일정한 거리와 방향성을 갖게 될 것이다. 이렇게 볼의 거리와 방향성에 영향을 주는 요소를 '볼의 비행 법칙'이라 하는 바, 누가, 언제, 어디서, 어떻게 스윙하더라도 항상 동일한 결과를 나타내므로 '법칙'이라 한다.

여기에서의 법칙은 볼의 비행에 영향을 미치는 요소 중 장비나 볼의 종류, 기온, 습도, 고도, 지형과 같은 외부적인 요소를 배제하고, 보통 골퍼가 컨트롤할 수 있는 5개의 물리적 요소를 의미하며, 주된 영향력에 따라 다음과 같이 분류할 수 있다.

| | |
|---|---|
| **방 향** | 스윙 궤도(swing path)<br>클럽 페이스 위치(club face position) |
| 거 리 | 헤드 스피드(head speed)<br>클럽 페이스 중심 타격(centeredness of contact)<br>볼 접근(공격) 각도(angle of approach(attack)) |

### 2) 유용성 - '자신의 샷을 읽는다'

볼의 비행 법칙은 볼의 비행 결과인 거리와 방향성을 나타내 주는 원인적 요소로서, 이를 이해하고 있음은 말하자면 골프의 기본지식을 알고 있다고 할 수 있다. 왜냐하면 자신의 샷을 읽고 분석할 수 있기 때문이다. 예를 들면 슬라이스가 난 경우 스윙 궤도가 아웃사이드인이었거나 클럽 페이스가 오픈되었거나를 감지할 수 있는 것이며, 혹 샷이 발생되었다면 스윙 궤도가 지나치게 인사이드인이었거나 클럽 페이스가 임팩트 시 닫혔음을 간파할 수가 있는 것이다.

이처럼 샷의 결과를 야기한 원인을 스스로 파악할 수 있다는 것은 잘못된 선행 샷에 대한 오류를 즉시 시정할 수 있으며, 장기적으로 샷을 발전시킬 수 있는 토대가 마련되어 있는 것이다. 볼의 비행 법칙은 거짓말을 하지 않기 때문이다.


## 2. 방향성 요소


### 1) 방향의 결정 구조

모든 볼의 방향은 임팩트 시, 스윙 궤도와 클럽 페이스 위치의 상호관계에 의하여 결정된다. 이를 단순하게 나타내면, '스윙 궤도 3가지(아웃사이드인, 인사이드인, 인사이드아웃)×클럽 페이스 위치 3가지(클로즈드, 스퀘어, 오픈)'하여, 총 9가지의 조합(combination)이 생긴다.

스윙 궤도와 클럽 페이스 위치가 합동하여 볼의 방향이 결정되므로, 임팩트 후 초기에는 스윙 궤도 방향과 클럽 페이스 방향의 중간 방향으로 비행할 것이며, 후기에는 클럽 페이스 위치에 의한 영향을 더 받게 된다. 이때 클럽헤드 스피드가 빠른 경우에는 스윙 궤도가 초기 방향을 주로 결정하게 되며, 스윙 속도가 느린 경우에는 클럽 페이스의 위치가 주로 볼의 방향을 결정하게 된다. 예컨대 드라이버 샷이 슬라이스가 난 경우를 보면, 초기에는 아웃사이드인의 스윙 궤도에 의하여 왼쪽으로 비행하다가 후반에는 열려진 클럽 페이스의 영향으로 인하여 볼이 오른쪽으로 휘게 되는 것이다.

2001년 마스터스 대회에서 타이거 우즈를 맹렬히 뒤쫓던 세르히오 가르시아의 18번홀 원더 샷(wonder shot)을 기억할 것이다. 그가 티 샷한 볼이 페어웨이 오른쪽에 위치한 나무 바로 뒤에 떨어져서, 나무 뒤쪽에 위치한 그린을 공략하기 위해서는 나무 왼쪽을 돌아가는 심한 슬라이스 샷이 필요한 상황이었다. 그는 그린의

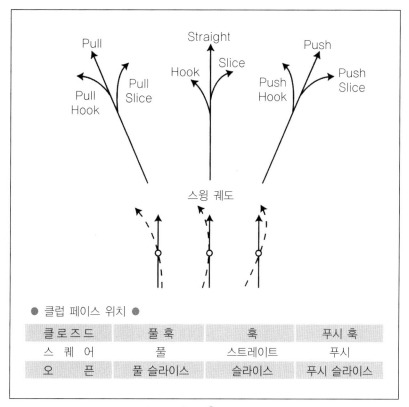

Illust ❿-1

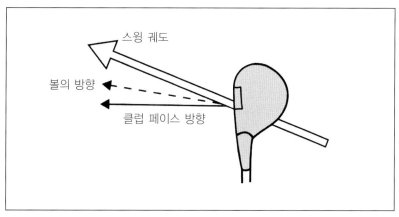

Illust ❿-2

왼쪽 방향을 향해 어드레스를 한 뒤, 클럽 페이스를 많이 오픈시킨 상태에서 빠른 속도로 샷을 하였다. 볼은 타깃의 왼쪽으로 날아가다가 중간지점에서 방향을 바꾸어 그린으로 향하였다. 이러한 원더 샷도 알고 보면 위와 같은 간단한 법칙을 그대로 적용하였을 뿐이다.

필자가 호주에서 라운딩 도중 이와 비슷한 상황에 처했던 적이 있었는데, 그때도 볼이 나무 뒤에 있었으며, 홀까지의 거리는 약 50m 정도였다. 별 생각 없이 피칭을 잡고 옆으로 빼내서 한 타를 까먹느냐로 고민하고 있는데, 코치였던 톰이 7번 아이언을 갖고 다가와서 클럽 페이스를 열고 부드럽게 치라는 것이었다. 아무 생각 없이 시키는 대로 클럽 페이스를 45도 정도 오픈하여 하프 스윙 정도로 가볍게 나무의 왼쪽 방향으로 쳤더니, 볼은 커브를 그리면서 그린 쪽으로 굴러갔다. 이때 7번 아이언을 사용한 것은 피칭보다 사이드 스핀이 많아 커브 샷이 용이한 때문이다. 샷에 대한 고정관념을 버리고 볼의 비행 법칙을 잘 이용하면 이처럼 스코어 관리뿐 아니라 골프를 치는 즐거움을 만끽할 수 있는 것이다.

골퍼들의 관념 중에 실제 상황에서 가장 많이 어긋나는 부분이 바로 직선 샷에 대한 환상(illusion)일 것이다. 연습장에서 연습할 때는 항상 곧바로 날아가던 볼이 필드에만 나가면 정해진 방향 없이 우왕좌왕하는 예가 많기 때문이다.

이의 가장 근본적인 원인 중 하나는 라이(lie, 볼이 지면에 놓여진 상태)의 불규칙성에 있다고 생각한다. 모든 샷의 라이는 연습장의 매트처럼 항상 같지 않으며, 라이에는 대부분 경사가 있게 마련이다. 이러한 라이의 불규칙성은 볼을 곧바로 날아가게 하는 것을 방해한다.

필드에서는 언제 어디서든지 커브 샷이 발생하게 되어 있다. 자신의 의도와 달리 커브 샷이 나오게 되면 자신의 스윙에 뭔가 잘못이 있지 않나 의심을 하게 되는 경우가 많은데, 그 원인은 상당 부분 필드에 있음을 깨달을 필요가 있다. 커브 샷을 인정하고 이를 즐기는 단계로 들어서면 골프의 묘미를 한층 더할 수 있게 될 것이다.

## 2) 사이드 스핀과 백스핀

볼은 왜 뜨는가? 클럽의 로프트(loft) 각과 백스핀 때문이다. 모든 클럽은 로프트 각이 있고 표면 마찰력에 의해서 백스핀이 발생되므로, 별단의 사정이 존재하지 않는 한 볼은 뜨게 되어 있다.

볼은 왜 좌우로 휘어지는가? 사이드 스핀이 걸리기 때문이다. 보통 볼이 중심에 맞지 않으면 휘어지는 것으로 생각하기 쉬운데, 위에서 본 바와 같이 볼이 헤드의 중심에 맞더라도 스윙 궤도와 클럽 페이스의 위치가 목표 라인과 일치하지 않으면 사이드스핀이 걸려 휘게 되는 것이다. 사이드 스핀과 백스핀이 동시에 걸리게 되면 스핀이 합성되어 볼이 뜨되, 휘게 될 것이다.

샷의 정확성 면에서 볼 때, 로프트가 큰 쇼트 아이언은 백스핀이 우세하므로 좌우 편차보다는 핀을 기준으로 앞뒤 거리를 맞추는 것이 중요하고, 롱 아이언은 사이드스핀이 우세하므로 좌우 편차를 적게 하는 것이 중요하다(스핀의 원리는 다음 장에서 다룬다).

## 3) 훅과 슬라이스

슬라이스가 발생하는 것은 그림과 같이 스윙 궤도에 대하여 클럽 페이스가 열린 경우가 된다. 클럽을 눈 높이까지 들어올린 후, 클럽 페이스를 오픈시켜 보라. 페이스의 로프트가 커짐을 알 수 있다. 이런 간단한 이유로 슬라이스가 걸리면 볼은 높이 뜬다. 맨 땅에 볼이 놓여 있는 경우에는 볼이 잘 뜨지 않으므로 우드나 아이언을

Photo ⑩-1

살짝 오픈시켜 주면 볼이 잘 뜨게 된다. 이때 물론 스탠스나 자세를 약간 조정해 주어야 할 것이다. 혹은 반대의 경우로서, 클럽이 닫혀지면서 로프트가 작아져 백스핀이 덜 걸리므로 볼은 잘 뜨지 않으나 지면에 떨어진 후 많이 구르게 된다.

## 4) 확률 샷(percentage shot)

흔히 롱 샷은 직선 타구보다 커브 샷이 유리하다고 하는데, 일반적으로 드로 샷은 거리 면에서 유리하고, 페이드 샷은 안정성 면에서 이득을 본다고 한다. 골프의 살아 있는 전설 아널드 파머는 거의 모든 샷이 드로(draw) 샷일 정도였으며, 그것으로 일세를 풍미했고, 잭 니클러스는 페이드(fade) 샷을 내세워 골프 황제의 자리에 등극했다.

잭 니클러스는 스마트 골퍼(영리한 골퍼라는 뜻)로서, 멘털 게임과 코스 매니지먼트에서 탁월한 능력을 발휘한 바 있는데, 그의 유년시절 고향인 오하이오의 골프장이 오른쪽으로 휘는 도그레그(dogleg) 홀이 많아 이를 효과적으로 공략하기 위해 페이드 샷을 많이 구사했었다고 한다. 그가 날리는 롱 아이언 페이드 샷의 높은 탄도는 골프 천재 바비 존스조차 놀라게 한 바 있는데, 높이 띄워서 그린에서 바로 멈추는 것이 정확도를 높일 수 있다고 그는 믿었다고 한다. 프로에 입문한 이후에도 페이드 샷을 확률 샷이란 개념으로 사용하여 많은 우승을 일구어냈다.

앞의 Photo 10-1은 마스터스 대회장인 오거스타 내셔널 18번 홀에서 잭 니클러스가 티 샷을 한 장면이다. 오른쪽으로 크게 휘는 도그레그 홀이며, 왼쪽에 커다란 벙커가 도사리고 있어서 반드시 페이드 샷을 구사해야 한다.

그의 논리는 다음의 그림과 같이 샷이 다소 부정확하더라도 홀 근처에 볼을 잡아둘 수 있다는 것이며, 직선 샷은 에러의 폭이 페이드에 비해 크기 때문에 안정성 면에서 페이드가 우월하다는 것이다.

가령 그린으로부터 150m 거리에서 중앙의 핀을 공략하는데, 그린의 넓이는 핀으로부터 좌우 9m라고 하자. 핀을 직선 샷으로 직접 공략하였는데, 슬라이스가 나서 핀으로부터 6m 지점에 떨어지면 롱 퍼팅을 해야 한다. 니클러스의 전략은 핀의 3m지점을 타깃으로 페이드를 치는 것이다. 슬라이스가 나서 타깃으로부터 6m 지점에 볼이 낙하해도 애초에 3m 정도 왼쪽을 겨냥했으므로, 핀으로부터의 거리는 3m가 될 것이다. 실수로 페이드가 안 걸려서 직선 샷이 되더라도 애초에 겨냥했던 핀 왼쪽 3m 지점에 안착하게 된다. 만약에 의도했던 대로 페이드 샷이 구사되면 볼은 핀에 거의 붙거나 재수가 좋으면 홀 인도 될 것이다.

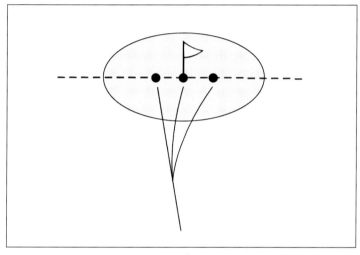

Illust ❿-3

그러나 드로나 페이드를 구사하기 위해서는 스윙 궤도와 클럽 페이스를 조정해야 하는 번거로움이 있다. 예컨대, 페어웨이의 오른쪽을 겨냥해서 드로를 거는 경우와 바로 페어웨이 가운데로 직선 타구를 날리는 것은 결과에서나 에러 가능성면에서 차이를 두기가 매우 어려운데, 굳이 스윙을 복잡하게 해 가면서 커브 볼을 칠 필요가 있겠는가 하는 것이다.

결국 직선 샷이냐 커브 샷이냐의 문제는 이를 얼마나 일관성 있게 칠 수 있느냐의 문제이며, 또 하나 중요한 사실은 커브 볼을 이용해서 벙커나 해저드를 피할 수 있다는 심리적 안정감을 얻을 수 있다는 것이다. 이론적으로야 어떻든간에 아널드 파머나 잭 니클러스처럼 커브 샷 하나만 잘 치면 엄청난 무기가 되는 것임에는 틀림없는 사실인 것 같다.

## 3. 거리 요소

### 1) 헤드 스피드

이는 볼의 비행 거리를 결정하는 가장 중요한 요소로서, 인체의 올바른 순서에 의한 움직임과 바퀴축 시스템에서 각속도의 증가에 의하여 극대화할 수 있다고 하였다. 그리고 인체의 순차적인 움직임은 근육의 수축작용에 의하므로 관련 근육이 튼튼하고 유연하다면 보다 강한 힘을 생성할 수 있을 것이다.

### 2) 클럽 페이스 중심 타격

아무리 헤드 스피드가 빨라도 클럽 페이스의 중심지역인 스위트 스폿(sweet spot)에 맞지 않으면 거리의 손실이 생긴다. 그리고 클럽의 중심을 벗어난 샷은 방향과 스윙 궤적에도 영향을 미친다.

클럽 페이스의 중심을 벗어나는 샷의 가장 큰 요인은 다운스윙 시 인체의 순차적인 움직임에 위배하여 상체가 먼저 움직이기 때문이다. 이로 인하여 클럽헤드가 정상 스윙 궤도의 상하 좌우로 벗어나 움직이는데, 스윙 궤도의 위로 움직이면 클럽 아랫부분에, 아래로 움직이면 클럽 윗부분에, 앞으로 움직이면 클럽의 힐 부분에, 뒤로 움직이면 토 부분에 맞게 된다.

#### (1) 클럽의 길이냐? 무게중심이냐?

원하는 비거리와 방향을 확보하기 위해서는 인체의 움직임을 정확하게 가져가는 것이 가장 중요하다. 2차적으로 생각할 수 있는 문제는 클럽의 길이이다. 클럽의 길이는 비거리와 정확도에 영향을 미치는 제1요소이다.

통상 클럽의 길이가 늘어나면 비거리도 증가한다. 이는 '선속도＝스윙 반경×각속도' 공식에서 스윙 반경이 늘어나면 선속도, 즉 헤드 스피드가 증가하기 때문이다. 그러나 이미 언급한 바와 같이 스윙 반경이 커지면 동시에 관성 모멘트가 증가하기 때문에 스윙 속도는 감소하게 된다. 그러므로 드라이버의 길이가 길다고 하여 비거리가 증가하는 것이 아니며, 경우에 따라서는 비거리가 감소할 수도 있다. 타이거 우즈가 한때 43인치 드라이버를 사용했던 것을 기억하면 쉽게 이해할 수 있을 것이다.

비거리와 정확도를 함께 높이기 위해서 가장 중요한 것은 클럽 페이스 중심으로 타격하는 것이므로, 가장 이상적인 클럽 길이는 헤드의 무게중심에 타격되는 확률을 높일 수 있는 클럽 길이가 될 것이다. 주말 골퍼의 경우 드라이버의 길이가 짧을수록 무게중심에 타격되는 확률이 높아지고, 타이밍을 올바르게 가져갈 수 있기 때문에 분명히 비거리와 정확도가 증가한다. 장타를 치기 위해서는 클럽의 길이를 줄여서라도 정타(正打)를 쳐야 한다. 비거리와 방향성에 관한 한, 클럽의 길이가 아니고 무게중심 타격이 훨씬 중요한 요소이기 때문이다.

## (2) 클럽의 무게와 비거리

클럽이 무거우면 볼이 더 멀리 나갈 것 같은 생각 때문인지, 골프 실력이 향상됨에 따라 전보다는 무거운 클럽을 사용하는 경향이 있는데, 클럽 무게와 비거리 문제는 헤드가 볼에 전달하는 에너지의 양과 관련지어 생각할 수 있다.

야구에서 정확한 타격을 위해서는 흔히 선구안(選球眼)이 좋아야 한다고 하는데, 선구안은 투수가 던진 볼이 홈플레이트에 거의 다가올 때까지 가급적 오랫동안 관찰할 수 있는 능력이다. 볼을 보는 시간이 길어지는 만큼 타격속도가 매우 빨라야 볼을 쳐낼 수 있을 것이다. 과거 타격의 달인이란 별명을 얻은 장효조 선수가 정확한 타격을 구사할 수 있었던 것도 볼을 오랫동안 관찰하는 만큼 타격속도가 매우 빨랐기 때문이다. 한편 장효조 선수는 홈런을 많이 치기도 했는데, 이는 배트의 속도를 증가시킴으로써 배트의 운동에너지를 최대한으로 볼에 전달하였기 때문이다.

즉, '배트의 운동에너지 = 1/2 × 배트의 질량 × 배트의 속도 제곱'으로 나타낼 수 있으므로, 배트의 질량이 작은 가벼운 배트를 사용하더라도 배트의 스윙 속도를 증가시켜 운동에너지의 증가폭을 더 크게 하면 무거운 배트를 사용할 때보다 볼을 더 멀리 보낼 수 있는 것이다. 이러한 사실을 안 몇몇 선수는 배트 속을 파내고 코르크를 넣어 배트의 무게를 불법적으로 줄이기도 하였는데, 이런 속임수는 약해진 배트가 부러지면서 속에 있던 코르크가 흩어져 나옴으로써 들통이 났다고 한다.

일단 클럽의 무게가 증가하면 앞의 운동에너지 공식에 따라 운동에너지도 증가하게 될 것이나, 클럽 무게의 증가는 관성 모멘트를 동시에 증가시키므로, 스윙 속도는 감소한다. 즉, 골프클럽의 무게가 가볍더라도 스윙 속도를 빠르게 하면 볼을 더 멀리 보낼 수 있는 것이다. 가벼운 여성용 클럽을 사용하였을 때 거리가 더 많이 나는 이유이다. 비거리에 욕심이 많은 주말 골퍼에게 가벼운 클럽을 권하고 싶다.

## (3) 빗맞은 샷은 클럽 페이스를 회전시킨다

클럽헤드의 아랫부분에 볼이 접촉하는 경우를 생각해 보자. 임팩트 시 볼의 정지 관성은 볼을 쳐내려는 헤드에 저항하게 되는데, 이로 인하여 볼은 클럽 페이스를 압박하면서 납작하게 찌그러진다. 이렇게 볼이 저항하면서 순간적으로 클럽 페이스 위에 정지하게 되는데, 볼이 정지한 지점이 축의 역할을 하므로, 그림과 같이 클럽의 윗부분은 화살표 방향으로 회전하게 된다. 결과적으로 클럽의 로프트가 현저하게 낮아져 낮은 궤적의 타구가 발생하게 된다.

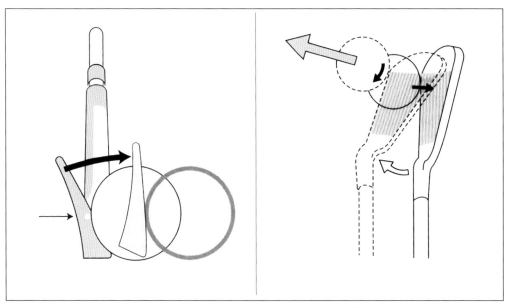

Illust ❿-4          Illust ❿-5

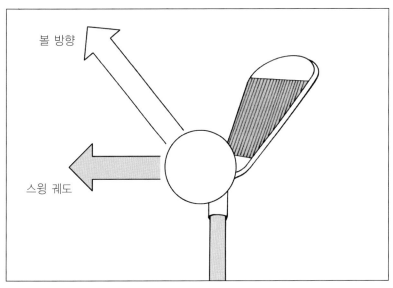

Illust ❿-6 shank

그린 주변에서의 어프로치 샷이나 쇼트 아이언 샷이 토핑되면 그린을 훌쩍 넘어 버리는 경우를 종종 경험하게 되는데, 이의 주된 이유는 로프트가 낮아져 백스핀이 적은 대신 낮은 궤적으로 많이 구르기 때문이다. 그러나 토핑 샷도 때로는 쓸모가 있다. 전방에 나뭇가지 같은 장애물이 있어 볼을 띄울 수 없다면 고의적인 토핑 샷을 구사하여 볼을 낮게 깔아 침으로써, 거리 손실 없이 무사히 그린에 안착시킬 수가 있는 것이다.

토핑과 동일한 이치로, 볼이 클럽 페이스의 토 부분에 맞게 되면 힐 부분이 앞으로 회전하면서 클럽을 오픈시키므로, 볼은 타깃의 오른쪽으로 빗나가게 된다.

일반적으로 빗맞은 타구는 파워가 약한데, 이는 위와 같이 에너지의 일부가 볼에 전달되지 못하고 클럽을 회전시키는 데 소모되기 때문이다.


## (4) 샹크(shank)

샹크만큼 주말 골퍼를 좌절시키는 것이 또 있을까? 필드를 자주 찾을 수 없는 주말 골퍼로서는 온그린보다는 그린 주변에서 샷을 하는 경우가 많게 되는데, 세컨드 샷을 그런 대로 그린 주변에 갖다놓고 20m의 피칭이나 치핑을 준비할 때마다 각오가 새롭다. "이번에는 어떻게든 핀에 붙여서 파 세이브(par save)를 해야지."

이러한 강박관념이 생크의 주범이라고 하는데, 실제 현상은 상체가 앞으로 나감에 따라 클럽이 스윙 궤도를 벗어나 클럽의 목(hosel, 샤프트와 헤드가 만나는 부분) 부분에 볼이 접촉하게 되는 것이다. 많은 사람이 생각하는 것처럼 클럽이 지나치게 오픈된 상태에서 볼이 맞는 현상이 아니다. 이 부분에 접촉된 볼은 타깃 방향과 직각인 오른쪽으로 빗나간다.

그리고 생크에서의 강박관념은 두 가지로 나누어 생각할 수 있겠는데, 첫째, 핀에 볼을 붙이겠다는 강박관념은 부드럽게 터치해야 할 어프로치 샷을 팔의 동작을 경직되게 하여 임팩트 위치로 되돌리지 못하게 하며, 둘째, 그린 주변에서 볼을 띄워야 한다는 강박관념은 상체의 쏠림이나 오른손 동작 같은 불필요한 몸의 움직임을 유발케 한다.


## (5) 기어 효과(gear effect)

아이언 클럽은 앞뒤의 두께가 얇기 때문에 페이스 바로 뒤에 무게중심이 위치하는 반면, 드라이버의 헤드는 페이스의 앞과 뒤가 상당한 간격을 두고 있어 페이스로부터 일정한 거리 뒤에 무게중심이 위치한다. 이런 차이로 인하여 중심을 벗어난 샷, 특히 토나 힐에 볼이 접촉하는 경우 아이언과 드라이버간에는 스핀의 방향이 달라진다.

이해의 편의를 위해서 클럽은 정지되어 있고, 볼이 움직여 페이스와 접촉하는 것으로 가정하자. 아이언 클럽의 경우 볼이 토 부분에 접촉하게 되면 클럽이 오픈되면서 클럽의 무게중심을 앞으로 회전시키게 되는데, Illust 10-5와 같이 아래 방향으로 끌어내리는 결과가 되어 볼은 화살표 방향으로 슬라이스 스핀이 발생한다. 드라이버의 경우 볼과 접촉하는 순간 드라이버는 뒤로 움직이는 동시에 뒤쪽에 위치한 무게중심을 중심의 옆으로 회전하게 되는데, Illust 10-7과 같이 위로 밀리는 현상이 생기면서 볼에 훅 스핀이 발생하는 것이다. 그리하여 초기에는 페이스가 열린 각도에 따라 오른쪽 방향으로 날아가다가, 스핀 효과에 의하여 왼쪽으로 방향을 바꾸어 날아가게 된다. 이는 두 개의 기어가 맞물려 회전하는 형태와 같아 '기어 효과'라고 한다.

아이언의 경우도 기어 효과가 발생하지만, 페이스의 오픈에 의한 사이드 스핀 효

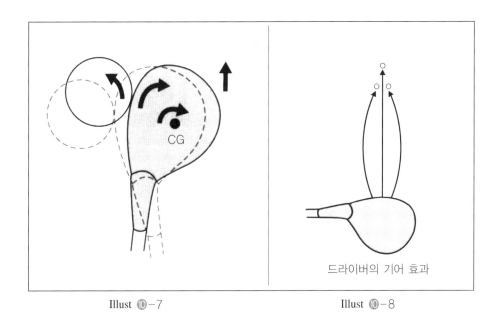

Illust ⑩-7          Illust ⑩-8

드라이버의 기어 효과

과에 의해서 압도되는 것이며, 드라이버의 경우는 기어 효과가 우세하여 사이드 스핀을 상쇄해 버린다. 이러한 기어 효과를 이용하여 볼을 타깃 방향으로 일관되게 보내기 위해서 드라이버의 페이스는 약간 볼록하게 만들어지는 것이며, 주말 골퍼들이 애용하는 드라이빙 아이언도 이런 원리를 적용하여 제작되는 것이다.


## (6) 빗맞은 샷과 그립의 비틀림

중심에서 벗어난 샷은 클럽을 회전시켜 클럽 페이스를 열리게 하거나 닫히게 하는데, 이러한 작용은 샤프트를 통하여 바로 그립에 전해져 그립을 잡은 손가락을 움직이게 한다. 그립이 손에서 논다는 말을 하는데, 이러한 현상 때문이다. 그립이 잘못된 경우도 있겠으나, 이런 현상을 모르고 그립을 강하게 잡으라는 말은 넌센스가 된다.

## 3) 볼 접근 각

### (1) 개념

이 법칙은 그 중요성에 비해 인식도가 낮은 부문인데, 이것만 잘 이해하고 있어도 샷을 질적으로 개선시킬 수 있다.

볼 접근 각도란 다운스윙 시 클럽헤드가 볼에 접근하는 경사 정도라고 할 수 있는데, Illust 10-9와 같이 드라이버는 경사가 완만하며(shallow), 웨지는 가파르게(steep) 내려온다.

이 법칙의 요점은 접근 각이 가파르면 백스핀이 많아져 볼이 높이 뜨며, 거리는 감소한다는 것이다. 그러나 볼 접근 각도의 진짜 중요성은 클럽헤드의 운동에너지를 볼에 효율적으로 전달함으로써 원하는 거리와 방향을 얻는 데 있다.

### (2) 모든 클럽에는 고유의 볼 접근 각도가 있다

기본적으로 모든 클럽에는 고유의 볼 접근 각도가 있다. 그 이유는 간단한 기하학의 원리에 의한다. Illust 10-9와 같이 클럽의 회전 중심은 동일한데, 클럽의 길이가 짧을수록 헤드가 몸의 안쪽으로 접근하며, 반지름이 작아지므로 접근 각도는 커지는 것이다. 즉, 샤프트가 길고 로프트 각이 작으면 접근 각이 완만하고, 샤프트가 짧고 로프트 각이 크면 접근 각이 급하게 형성되는 것이다. 각 클럽은 클럽의 길이와 클럽헤드의 구조 및 로프트 각에 따라 특정 접근 각에 의할 때만이 헤드의 중심부위에 볼이 타격되도록 되어 있다. 이 접근 각에 의할 때 인체의 움직임에 의하여 생성된 에너지가 가장 효율적으로 전달될 수 있는 것이다. 접근 각이 클럽 페이스와 볼의 비행 방향을 수직으로 만들어 주었을 때 에너지가 가장 효율적으로 전달될 것이다.

"롱 아이언은 빗자루로 쓸어 치듯이 하라."는 말은, 접근 각이 완만하게 이루어졌을 때 볼에 필요한 에너지가 가장 효과적으로 전달된다는 의미이다. 반면에 "쇼트 아이언은 찍어 쳐라."고 하는데, 접근 각을 가파르게 가져가야 한다는 뜻이다.

이러한 아이언의 스윙 방법은 클럽의 고유 길이에 의하여 정해진 각도대로 스윙하면 자동적으로 해결되는 문제임을 인식해야 한다. 이와 관련하여 롱 아이언과 쇼

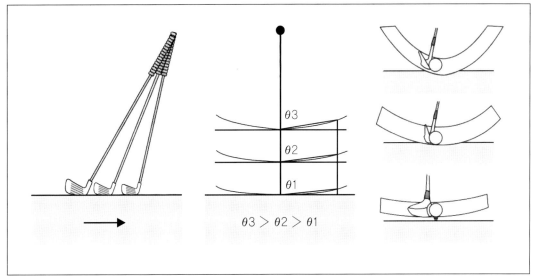

Illust **10**-9

트 아이언의 스윙이 같으냐, 다르냐의 논란이 있는데, 생각하는 기준에 따라 달리 해석할 여지가 있는 문제이나 대체로 스윙은 하나라고 생각하는 것 같다.

그러나 분명한 것은 아이언의 길이에 따라 스윙 궤도가 다르기 때문에 스윙이 같으냐, 다르냐의 문제를 떠나, 클럽별로 정해진 스윙 궤도를 만들기 위한 어드레스 자세와 볼의 위치를 정확하게 해 주는 것이 중요할 것이다(Illust 10-10).

클럽별 접근 각이 다름으로 인하여 스탠스와 볼의 위치가 매우 중요한데, 특히 쇼트 아이언은 왼발 쪽으로 가까워지지 않도록 하는 것이 바람직하다. 아마추어 골퍼들의 흔한 에러 중 하나가 볼을 띄울 목적으로 볼을 앞쪽에 놓고 볼의 밑부분을 걷어올리는 경우인데, 어느 경우에나 클럽의 바닥 부분이 지면에 먼저 닿게 될 확률이 많아진다. 피칭이나 치핑에서는 더욱 그러하다. 볼을 띄우는 일은 클럽의 로프트가 알아서 하는 일이므로, 이를 위하여 골퍼가 수고할 일은 없다. 특히 쇼트 아이언의 경우 골퍼는 단지 클럽의 접근 각을 급하게 해 주기만 하면, 볼은 로프트에 의하여 자연스럽게 떠오르게 되어 있다.

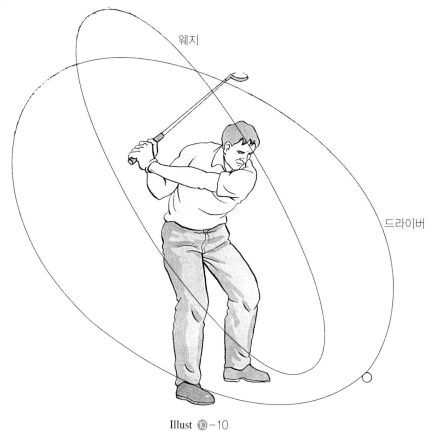

웨지

드라이버

Illust ⑩-10

### (3) 접근 각에 영향을 미치는 요소

**Ⓐ** 스윙 궤도

인사이드인 궤도는 완만한 접근 각을, 아웃사이드인 궤도는 가파른 접근 각을 만들어 준다. 그러므로 볼을 띄울 필요가 있는 경우에는 아웃사이드인 스윙이 유용하다. 가끔 드라이버 티 샷에서 스카이 볼이 나오는 것은 헤드가 볼 밑을 파고 들어가는 경우도 있지만, 스윙 궤도가 너무 가파르기 때문인 경우가 많다.

**Ⓑ** 스탠스

넓은 스탠스는 완만한 접근 각을, 좁은 스탠스는 가파른 접근 각을 만들어 준다. 그러므로 롱 아이언은 넓은 스탠스를, 쇼트 아이언은 좁은 스탠스가 바람직하다. 오픈 스탠스에서는 가파른 접근 각이, 클로즈드 스탠스에서는 완만한 각이 형성된다.

**ⓒ 무게중심의 위치**

인체의 무게중심을 오른쪽으로 이동하면 완만한 접근 각을, 왼쪽으로 옮기면 가파른 접근 각이 만들어진다. 쇼트 아이언의 경우, 왼발에 체중을 더 실으라는 말은 접근 각을 가파르게 가져감으로써 샷의 정확도를 높이기 위함이다. 초보자의 가장 흔하고 결정적인 에러는 쇼트 아이언의 접근 각을 일반 아이언처럼 완만하게 하는 것이다. 9번 아이언 이내의 샷이라면 가파른 접근 각을 만드는 것이 매우 중요하다.

**ⓓ 볼 포지션**

볼의 위치가 스탠스의 중간보다 왼쪽에 치우치게 되면 완만한 각이, 오른쪽으로 치우치면 급한 각이 형성된다.

**ⓔ 코킹의 시점**

손목 코킹을 백스윙 초기에 하게 되면 가파른 접근 각이 만들어진다. 이는 깊은 러프 샷, 벙커 샷, 짧은 피칭 샷 등 가파른 접근 각이 요구되는 상황에서 유용하게 적용된다. 주말 골퍼의 경우에는 의식적으로 코킹을 일찍 하려다 보면 상체에 힘이 많이 들어가는 경향이 있으므로, 다른 방법을 이용하는 것이 좋다고 생각한다.

**ⓕ 요소의 결합**

벙커 샷의 예를 들어 보자. "체중은 왼발에 많이 두고, 스탠스는 오픈하여 손목을 일찍 코킹하고, 약간 아웃사이드인으로 스윙 궤도를 가져간다." 이처럼 특정 상황에서 요구되는 접근 각을 만들기 위해서는 모든 요소를 총망라하거나 한두 가지만을 적용하여 실행하게 되는데, 먼저 자신에게 편한 방법을 선택하고, 그 다음에 방법이 자신에게 잘 기능하는지 점검하는 것이 바람직하다.

## 4. 완벽한 스윙을 찾아서

### 1) 과학 골프의 탄생

골프가 시작된 이래 골퍼들의 마음을 항상 애타게 하고 갈망케 해 온 것은, 어떻게 하면 완벽한 스윙을 할 수 있을까일 것이다. 이러한 완벽한 스윙에 대한 갈증을 해소하기 위하여 무수히 많은 사람들이 시간과 노력을 경주해 왔으나, 아인슬리 브리지랜드 경(Sir Ainsley Bridgland)만큼 열정적으로 헌신하고, 본격적으로 기여한 사람은 아마 없을 것이다.

그는 호주 출신으로 1차대전 이후 영국으로 건너와 사업가로 크게 성공하였으며, 사회사업가로도 많은 활동을 벌였다고 한다. 그의 젊은 시절 꿈은 롤스로이스를 갖는 것, 백만장자가 되는 것, 스크래치 플레이어(scratch player, 골프에서 이븐 파나 그 이하로 볼을 치는 선수를 말하며, 스코어 카드 핸디캡 란에 보통 S.C.R이라고 기재한다)되는 것이었는데, 그를 가장 만족시킨 것은 세 번째 꿈이었다고 한다.

골프광이었던 그도 다른 사람과 마찬가지로 항상 완벽한 스윙에 대한 갈증을 갖고 있었으며, 골프에는 자신이 알지 못하는 숨겨진 비밀이 분명 있을 것이란 생각을 해 왔다. 공학도였던 그는 적어도 골프에 적용되는 과학적 원리는 있지 않겠느냐는 생각에 이르러, GSGB(golf society of great britain)를 통하여 대규모의 연구팀을 구성하게 된다.

물리학자인 알레스테어 코크란을 중심으로 한 인체역학자, 공학자, 해부학자, 생리학자, 탄도학자, 의사, 인체공학자 등 각계의 전문가들이 1961년 6월부터 약 6년여에 걸쳐 골프에 대한 집중적인 연구를 수행하였다. 그리하여 약 100여 편에 이르는 연구보고서를 탄생시키게 된다. 이 결과보고서는 일반 대중들을 위해서 간단하게 정리한 요약본과 전문가를 위한 연구보고서 편집본의 두 종류로 출간되어, 과학으로서의 골프를 정립하는 데 획기적인 기여를 하였는데, 이의 원제목이 《Search for the perfect swing》이다.

이 책이 출판되기 전까지 과학적인 의미에서의 골프 원리라는 것은 거의 존재하지 않았다고 한다. 당대 최고의 골퍼들에 의한 이론과 주장이 책으로 출간되기도 했으나, 과학적인 근거와 실험에 의해서 입증되기보다는 골퍼 자신의 체험에 의한 경우가 대부분이었다고 한다. 그만큼 골프는 과학보다는 골퍼들의 경험과 감각에 의존해 온 바가 컸으며, 이러한 전통은 아직도 유지되고 있는 것 같다.

## 2) 완벽한 스윙의 의미

이 책에 수록되어 있는 수많은 박사학위급 논문의 연구 결과에 의하면, "물리법칙에 따라 움직이는 모델은 만들 수 있을지언정, 완벽한 스윙은 없다는 것이다. 오히려, 물리법칙에 위배되지 않는 범위 내에서, 다양한 종류의 스윙이 존재할 수 있다."는 것이다.

위 결론을 다른 말로 표현한다면, "모든 사람들이 공유할 수 있는 객관적인 원리는 있으나, 동일한 스윙 스타일은 존재하지 않는다. 이는 스윙의 주체인 개인의 특성이 각기 다르기 때문이다." 이것이야말로 연구팀의 위대한 발견이라고 생각한다.

이를 한 마디로 요약하면, "개인의, 개인에 의한, 개인을 위한 완벽한 스윙이 있을 뿐이다." 이러한 사실은 개인의 특수성에 부합하는 스윙의 가능성을 제시하고 있다 할 것이다.

## 5. 원칙과 선택 요소의 상관관계

모든 개인의 스윙은 같지 않다고 하는데, 어떤 면에서 다르며, 왜 다르게 되는가? 볼의 비행 법칙은 스윙과 직접적인 관련을 갖지 않으며, 스윙에 의한 결과로서 나타날 뿐이다. 볼의 비행 법칙을 야기하는 직접적인 원인 요소들을 '스윙 원칙(principle)'이라고 한다. 스윙 원칙은 법칙과 달라서 절대적인 요소가 아니고, 다소의 임의성이 존재하는 분야이다. 그러므로 원칙에 대해서는 가르치는 사람의 주관적인 판단에 따라 다양한 이론이 전개되고 있는 것이다.

그리고 이러한 스윙 원칙은 관련되는 '선택 요소(preference)'에 의하여 실행되는데, 이것이 개인의 스윙 스타일을 결정하는 요소이다. 이들 요소간의 인과관계는 다음과 같이 정리할 수 있다. 그러므로 자신의 샷을 읽고, 분석하고, 시정할 수 있는 기본 메커니즘이 된다.

## 요소간 인과관계(cause and effect)

Golf

미국의 PGA의 마스터 프로이며, 교육 심리학자인 게리 와이렌(Dr. Gary Wiren)은 기존의 다양한 이론과 주장들로 인한 골퍼들의 혼란을 제거하고자, 개인의 특수성을 고려한 보다 논리적인 교육 방법론을 제시한 바 있다. 그는 스윙 원칙과 선택 요소를 구분하여 예시하고 있다. 이의 내용을 간략하게 소개하고자 한다.

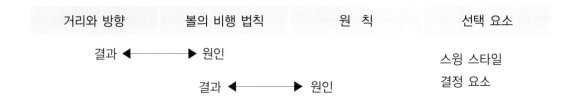

| 거리와 방향 | 볼의 비행 법칙 | 원 칙 | 선택 요소 |
|---|---|---|---|
| 결과 ◀───▶ 원인 | | | 스윙 스타일 |
| | 결과 ◀───▶ 원인 | | 결정 요소 |

## 스윙 원칙

Golf

그립, 신체 정렬, 셋업, 스윙 플레인, 스윙 아크의 크기, 왼손목 위치, 지렛대 시스템, 타이밍, 릴리스, 동적 균형, 스윙 중심, 인체 분절의 정위치와 연결, 임팩트.

## 선택 요소

Golf

손목의 조기 코킹, 아웃사이드 테이크어웨이, 플랫 백스윙, 오픈 스탠스, 곧은 왼팔, 강한 그립 느린 백스윙, 하이 피니시, 중심축의 고정, 왼발을 타깃 방향으로 벌리는 것, 탑에서 왼손목의 뒤로 꺾임, 약한 그립 압력, 어깨를 닫는 것, 무게중심을 앞에 두는 것 등등.

# 6. 나의 스윙을 찾아서

## 1) 무한한 경우의 수

앞서 예시된 것만 보더라도 10여 개의 원칙과 수십여 개의 선택 요소가 있어, 이들이 서로 짝짓기를 하게 된다면 아마 수천 개의 조합이 이루어질 것이다. 우선 스탠스만 해도 오픈, 클로즈드, 넓은 스탠스, 좁은 스탠스의 4개 중 선택이 가능하고, 그립은 그립에서의 오른손의 위치, 왼손의 위치 등에 따라 선택의 범위가 매우 넓다.

스윙 원칙이라고 하여 어떤 절대성을 부여받은 것은 아니고, 선택 요소와 결합하여 개인에게 가장 바람직한 형태의 스윙을 구성하는 요소가 된다. 골프 역사상 스윙의 달인으로 벤 호건과 리 트레비노를 들 수 있는데, 이들의 스윙은 사실 교과서적으로는 그다지 바람직하지 않은 스윙 스타일을 갖고 있었다.

벤 호건의 초기 구질은 훅이었으나, 최종 스윙 완성단계에서의 구질은 페이드였다. 스윙 완성 후 벤 호건은 "세상에 완벽한 스윙은 없으며, 다만 그것을 얻기 위한 끊임없는 노력과 연습만이 있을 뿐이다."라고 하였다. 이런 전환 과정을 지나면서 벤 호건의 스윙 동작은 클로즈드 스탠스, 곧은 왼팔, 탑에서의 왼손목의 접힘(cupped wrist) 및 낮은(flat) 백스윙 플레인 등 완전히 성격이 다른 요소들이 칵테일처럼 혼합되어 있다. 리 트레비노의 경우에도 초기에 악성 훅으로 고생하다가 벤 호건의 연습장면을 구경한 이후, 수년간의 각고 끝에 페이드 샷을 만들면서 많은 우승을 하게 되었다고 한다. 트레비노 역시 왼발의 오픈과 아웃사이드 백스윙, 인사이드 다운스윙 등 정통적인 스윙 스타일은 아니다.

그럼에도 불구하고 이들이 최고의 볼 스트라이커가 될 수 있었던 것은, 자신에게 적합한 스윙을 개발한 결과이다. 이런 사실은 자신만의 스윙이 존재한다는 것, 즉 스윙의 다양성을 단적으로 입증해 주고 있는 것이다. 우리 나라에서 유행했던 곧은 왼팔은 벤 호건에게 적합한 개인 스타일일 뿐이다. 프로 중에서도 곧은 왼팔로 스윙하는 사람은 그다지 많지 않다. 그것은 법칙이 아니고 개인의 선택에 의해서 결정되는 것이기 때문이다.

## 2) 서로 친한 요소들의 결합

자신에게 적합한 스윙 스타일을 정함에 있어 특정 원칙에 선택 요소를 적용해야 하는데, 이들 요소들을 임의적으로 결합할 수는 없다. 요소들간에는 서로 친한 경우도 있고 그렇지 않은 경우도 있기 때문이다. 예컨대 오픈 스탠스는 약한 그립과 친하고, 크로즈드 스탠스는 강한 그립과 친하다. 강한 그립을 취하면 업라이트한 스윙은 곤란하며, 좁은 스탠스로는 스윙 아크를 크게 가져갈 수 없다 등등이다.

그러므로 원칙에 선택 요소를 적용하기 위한 기준은 서로 친한 요소들을 조합하되, 벤 호건의 예처럼 "나의 스윙에 잘 기능하는가?"를 판단하여야 한다. 스윙 원리는 간단할지 모르나, 이를 수행하는 인체는 복잡성과 기능성을 함께 보유하고 있는 존재이기 때문이다.

## 3) 원칙과 선택 요소의 결합

구체적인 적용 예로서 슬라이스가 자주 나는 경우, 이를 유발할 수 있는 스윙 원칙과 선택 요소를 체크해 보면 다음과 같다.

- **그립** : 약한 그립은 임팩트 시 클럽 페이스가 오픈된 상태에서 볼과 접촉하게 되는 경향이 있다. 그리고 그립을 너무 강하게 잡으면, 클럽의 릴리스를 지연시킴으로써 클럽 페이스가 오픈되기 쉽다.
- **목표** : 타깃의 오른쪽으로 목표를 잡으면 아웃사이드인 스윙이 되어 슬라이스 스핀이 걸린다.
- **셋업** : 볼에 너무 근접하여 있으면 힐 쪽에 볼이 맞는 경향이 생겨 슬라이스가 나기 쉽다.
- **스윙 아크** : 긴 클럽의 경우 스윙 아크가 작으면, 임팩트 시 클럽이 오픈된 상태에서 맞게 된다.
- **동적 균형** : 백스윙 탑에서 무게중심이 왼쪽으로 쏠려 있거나, 다운스윙 시 무게중심의 이동이 이루어지지 않는 경우에는 아웃사이드인 스윙이 되어 슬라이스가 난다.
- **스윙 중심** : 스윙 중심이 왼쪽으로 움직이면 페이스가 오픈되기 쉽다.
- **릴리스** : 보통 팔이나 손에 힘이 들어가 있으면 다운스윙 시 팔뚝의 회전을

방해하므로 페이스가 오픈되어 맞게 된다.

● **왼손목 꺾임** : 백스윙 탑에서 왼손목이 손등 쪽으로 꺾이는 경우(cupped wrist)에는 임팩트 시 페이스가 오픈되는 경향이 있다.

이처럼 슬라이스 현상에 대한 원칙 및 선택 요소를 체크함으로써 원인을 발견하고 이를 수정할 수 있으며, 때로는 고의적인 슬라이스를 만들기 위한 방법을 찾아낼 수가 있는 것이다.

이런 일반적인 케이스 외에 여성이나 주니어의 경우에는 신체조건의 특수성을 고려하여 원칙과 선택 요소를 개별적으로 적용하여 결정할 수 있을 것이다.

결국 자신의 스윙 스타일을 결정하는 원칙과 선택 요소의 결합은 기본적으로 신체적 조건, 성별, 나이 등을 종합적으로 고려하되, 자신의 스윙에 잘 기능하고 편안한 스윙이 만들어질 수 있는 조합을 선택하면 될 것이다.

# 11

## 볼 역학

본 장에서는 임팩트를 전후하여 볼과 클럽 사이에 어떤 현상이 발생하며, 이에 적용되는 원리가 무엇인지 알아보기로 한다.

## 1. 임팩트 시 클럽헤드는 혼자서 스스로 움직인다

어깨에 의해 당겨진 팔은 최대속도에 이르러 샤프트를 통하여 클럽헤드에 운동량을 전달하면서 서서히 감속되기 시작하는 한편, 손목 코킹의 풀림과 함께 운동량을 공급받게 되는 클럽헤드는 임팩트를 전후하여 최대속도에 이르게 된다고 하였다. 이때 파워의 생성에 관여했던 인체 분절들은 각자의 임무─회전운동─를 마치고

Illust ⑪-1

움직임이 거의 정지되어 있는 상태이다. 그러므로 움직이는 것은 클럽헤드밖에 없다. 그러므로 임팩트 직전 클럽헤드는 누구의 도움도 받지 않고 자체 운동량(원심력)에 의하여 스스로 움직이는 것이다.

이는 마치 투수가 던진 공이 타깃인 포수의 미트를 향하여 들어가는 것이나, 창 던지기 선수가 던진 창과 같다. 최종적으로 손에 의해 던져진 헤드가 볼을 향하여 돌진하는 것이다(Illust 11-1).

대부분의 골퍼들은 임팩트 시 손가락에 강한 충격을 느낌으로써, 손의 힘으로 클럽헤드를 볼에 접촉시키는 것이라고 생각하는데, 그것은 전혀 그렇지 않다.

인체의 자극에 대한 반응은 자극이 신경을 통하여 뇌에 전달되고 뇌에서 이에 필요한 동작을 결정한 후 다시 신경을 통하여 근육에 명령을 내리는 메커니즘에 의하며, 이에 소요되는 시간을 반응시간이라고 한다. 클럽헤드가 볼과 접촉하는 시점부터 볼이 클럽헤드로부터 떨어져나가는 시점까지의 시간은 약 0.0005초라고 하며, 이 임팩트의 충격이 샤프트를 통하여 그립을 잡고 있는 손가락까지 전달되는 데 소요되는 시간은 약 0.0007초, 다시 이것이 뇌에 전달되어 골퍼가 임팩트가 되었음을 알게 되는 데는 약 0.01초가 걸린다고 한다. 그러므로 임팩트 후 인체가 임팩트와 관련하여 어떤 반응동작을 한다는 것은 물리적으로 불가능한 일이다. 그리고 이때는 이미 볼은 클럽헤드를 떠나 목표지점을 향하여 날아가고 있는 것이다. 우리는 임팩트 후 클럽헤드의 반작용을 감지할 뿐이다.

결국 우리의 손은 클럽헤드의 임팩트에 아무런 영향을 주지 못하며, 클럽헤드는 인체와 아무런 연관을 갖지 않고 스스로의 힘에 의하여 움직이는 것이다.

"볼을 향하여 클럽헤드를 던져라.", "스윙하되 나머지는 클럽에 맡겨라."고 하는 레슨은 임팩트 시 클럽헤드의 이러한 특징을 잘 대변해 주는 것들이다.

요즘 자식을 둔 부모들은 자식을 위해서 공을 많이 들이는 것 같다. 교육학자들의 견해에 의하면, 어느 정도 길을 안내해 주었으면 나머지는 자식들 스스로 할 수 있도록 해 주는 것이 바람직하다고 한다. 임팩트 시의 클럽헤드처럼.

## 2. 클럽헤드가 볼을 만났을 때

### 1) 충돌과 리바운드

서로 다른 두 물체가 접촉하면 충돌(collision) 또는 충격(impact)이 일어났다고 하며, 충돌 후 한 물체가 다른 물체로부터 분리될 때 이를 리바운드(rebound)라고 한다.

충돌 후에 발생하는 현상을 결정하는 중요한 요인은 물체가 가지는 탄성(elasticity)의 크기인데, 탄성이란 물체가 변형되었다가 원래의 형태로 되돌아가기 위해서 밀어내는 힘을 의미한다. 테니스 공이나 야구 공은 타격 시 거의 반쯤 찌그러짐으로써, 탄성에너지를 저장했다가 다시 원래의 형태로 되돌아오면서 운동에너지로 변환되어 공에 속도를 더해 준다.

### 2) 클럽헤드는 볼과 충돌한다

임팩트 시의 클럽헤드는 인체 움직임에 의한 영향을 받지 아니하고 스스로의 힘에 의하여, 마치 자유물체(free body)와 같이 움직인다고 하였다. 즉, 골프 볼은 클

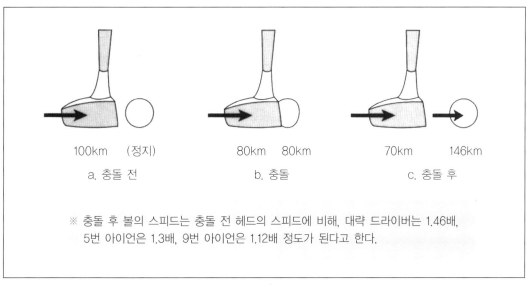

| 100km | (정지) | 80km | 80km | 70km | 146km |

a. 충돌 전　　　　　　　b. 충돌　　　　　　　c. 충돌 후

※ 충돌 후 볼의 스피드는 충돌 전 헤드의 스피드에 비해, 대략 드라이버는 1.46배,
　5번 아이언은 1.3배, 9번 아이언은 1.12배 정도가 된다고 한다.

Illust ⑪-2

럽헤드에 의해 타격되는 것이 아니라, 클럽헤드와 충돌하여 리바운드되는 것으로 이해하여야 한다. 이의 취지를 단순화시켜 Illust 11-2와 같이 나타낼 수 있다. 이는 충돌의 전형적인 모습을 보여 준다.

클럽헤드가 정지되어 있는 볼과 접촉하면서 볼은 납작하게 찌그러지고, 헤드로부터 전달된 운동에너지를 탄성에너지 형태로 저장한다. 볼이 납작하게 변형되는 동안 헤드와 볼은 한 덩어리가 되어 움직인다. 함께 움직이는 거리는 약 1.5cm(＝100km×0.0005초) 정도이며, 이 거리(시간)가 바로 파워와 방향성을 결정하는 중요한 요소가 된다. 헤드 스피드가 시속 200km에 가까운 골퍼들은 약 3cm 거리를 클럽 페이스에 볼을 달고 가는 것이다.

볼은 찌그러진 상태에서 다시 원래의 모습으로 복원되면서 클럽 페이스를 밀어낸다. 이때 볼의 내부에 저장된 탄성에너지는 운동에너지로 변환되면서 볼에 운동량을 공급하게 되는데, 볼의 질량이 헤드에 비해 작으므로 매우 빠른 속도로 리바운드되는 것이다

충돌 후 볼의 스피드는 클럽헤드의 운동에너지가 얼마나 많이 볼에 전달되는가에 의해서 결정되는데, 클럽 페이스는 매우 단단하게 만들어져 있어서 볼과의 충돌에 의하여 변형되지 아니한다. 즉, 에너지의 손실이 발생하지 않는 것이다. 그러므로 드라이버의 비거리는 충돌에 의해서 형성된 볼의 탄성의 크기에 의하여 전적으로 결정되는 것임을 알 수 있다. 드라이버 광고 시, 클럽 페이스의 단단함을 강조하는 것은 이러한 이유 때문이다.

## 3) 로프트 각도가 하는 일

로프트 각도가 0이라면 볼은 목표 방향으로 일직선으로 날아갈 것이다. 그러므로 클럽의 로프트 각은 볼을 일정한 각도로 띄워 주는 역할을 한다.

Illust 11-3과 같이 로프트가 30도인 아이언이 화살표 방향으로 시속 100km로 움직인다고 하자. 이는 페이스에 수직인 성분과 페이스와 수평인 성분으로 분해할 수 있는데, 수직성분 87km는 볼의 스피드를, 수평성분 50km는 백스핀을 결정하는 요소가 된다.

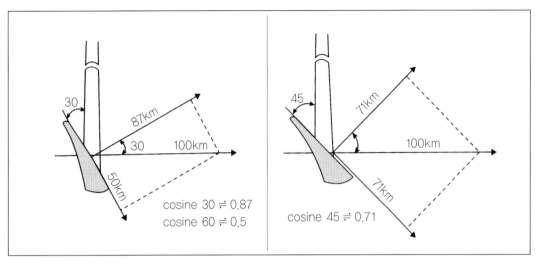

Illust ❶-3

위의 그림과 같이 로프트가 커질수록, 수직성분인 볼의 스피드는 감소하여 비거리가 적어지며, 수평성분인 백스핀은 증가하여 볼이 더 높이 뜨게 된다.

드라이버나 우드에 있어, 헤드 스피드가 시속 130km 이상인 프로 선수의 경우에는 수평성분의 힘도 비례하여 커지기 때문에 백스핀이 많이 발생하고, 이로 인하여 스윙 궤적이 커지므로 로프트 각이 작을 수록 비거리(carry)가 늘어난다. 그러나 헤드 스피드가 130km 미만인 대부분의 아마추어 골퍼의 경우에는 로프트 각이 최소한 10도 이상은 되어야 스윙 궤적이 커져 비거리를 늘릴 수 있다. 미들 아이언의 경우에는 상당한 백스핀이 발생하므로, 로프트 각을 2~3도 줄이면 비거리가 늘어난다. 쇼트 아이언의 경우에는 비거리보다 그린을 붙잡는 효과가 더 중요하므로, 로프트 각을 늘리는 것은 신중하게 고려해야 한다(양력 참조).

그리고 임팩트 시 볼과 클럽 페이스 사이에는 볼과 페이스의 표면 특성에 의하여 마찰력이 발생되는데, 이는 Illust 11-4와 같이 볼을 항상 로프트 각보다 적은 각도로 날아가게 하는 원인이 된다. 만약 마찰력이 0이라면 볼은 로프트 각대로 비행하게 될 것이다.

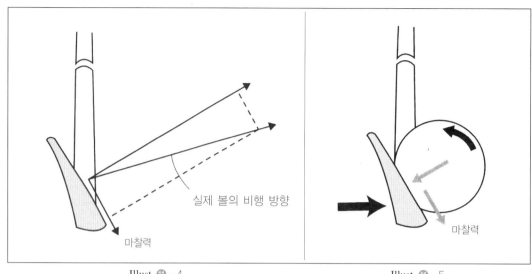

Illust ⑪-4            Illust ⑪-5

실제 볼의 비행 방향

마찰력

마찰력

## 4) 백스핀은 왜, 어떻게 생기나?

백스핀의 근본적인 원인은 마찰력이며, 이는 볼과 클럽 페이스의 표면 거칠기에 의한다. 로프트가 클수록 Illust 11-3과 같이 수평성분이 커지므로 백스핀이 증가한다.

아이언의 경우 페이스 표면에 옆으로 길게 파진 홈(scoreline)이 있는데, 이러한 홈이 있는 경우와 홈이 없는 경우는 우리가 상식적으로 생각하는 것과는 다르게 백스핀에 미치는 영향이 없다고 한다. 다만 헤드 스피드가 매우 느린 속도로 진행되는 웨지 샷(풀 스윙하는 경우 제외)의 경우에는 볼이 클럽 페이스를 따라 천천히 움직이면서 홈의 가장자리와 접촉하게 되므로, 스핀을 추가하는 효과가 생긴다고 한다.

### 백스핀의 생성 과정　　　　　　　　　　　　　　　　　　　　　G.Jf

임팩트 시 볼은 클럽 페이스가 볼을 쳐내려는 힘에 대한 반작용으로 클럽 페이스를 누르면서 찌그러지는 한편, 페이스의 로프트를 따라 위로 미끄러지려 할 것이다. 마찰력은 물체가 움직이려는 방향의 반대 방향으로 작용하므로, 마찰력은 볼을 아래로 끌어내리는 힘을 작용시키게 된다. 이 두 개의 힘이 경합하는 과정에서 마찰력이 위로 미끄러지려는 힘보다 큰 동안에는 볼은 움직이지 않고 정지해 있다가, 클럽헤드가 앞으로 계속 이동함에 따라 위로 미끄러지려는 힘이 우세하게 되면, 볼의 무게중심이 지나는 접촉지점이 축의 역할을 하면서 Illust 11-5와 같이 볼의 윗부분이 화살표 방향으로 회전하면서 구르게 된다. 이것이 바로 백스핀이다. 우리가 생각하는 것처럼 볼이 클럽 페이스 면을 타고 올라가면서 스핀이 먹는 것은 아니다.

## 5) 백스핀에 대한 몇 가지 문제

### Ⓐ 녹슨 클럽(rusty club)

한때 녹스는 웨지가 백스핀을 더 많이 발생시킨다고 하여 유행한 적이 있었다. 클럽 표면에 생긴 녹이 볼과의 마찰력을 더 크게 한다는 논리였다. 볼은 처음에는 미끄러지며, 미끄럼과 구름이 병존하다가 순수하게 구름이 시작할 때 회전속도가 가장 크게 되며, 이후로는 회전속도가 감소하기 시작한다. 녹슨 클럽과 같이 표면 거칠기가 보통 클럽보다 큰 경우 미끄럼으로부터 구름까지 걸리는 시간이 단축되는 것이 사실이지만, 백스핀 정도를 결정하는 회전속도에는 영향을 미치지 않는다고 한다. 그러므로 다른 특별한 조건이 없는 한 표면이 거칠다고 하여 백스핀이 많이 걸리는 것은 아니다.

### Ⓑ 클럽 표면의 물기가 있는 경우

이는 클럽에 물이 묻었거나, 수분이 많이 함유된 풀이 볼과 클럽 표면에 끼는 경우이다. 이때는 미끄럼이 많아져 백스핀이 적게 발생되므로, 거리 면에서 이득을 보는 반면 그린 위에서 볼을 붙잡아 두는 효과는 감소한다.

# 3. 볼과 공기 역학

사이클, 스키, 스케이트, 멀리뛰기, 야구 등 인체나 물체가 고속으로 움직이는 스포츠에서는 공기가 경기에 미치는 영향이 매우 크다. 대부분 공기는 극복해야 할 저항력으로 작용하지만, 이를 잘 이용하면 추가적인 추진력을 얻기도 한다. 공기에 관한 한 골프만큼 민감한 스포츠도 없을 것이나, 그것이 골프의 흥미를 더해 주는 요소가 되기도 한다.

더욱이 필드에 나가게 되면 연습장과는 전혀 다른 매우 다양한 종류의 상황—볼의 라이(lie), 바람, 온도, 습도 등—과 만나게 되고, 이에 적합한 샷이 요구되는데, 기본적인 공기 역학 원리를 숙지하고 있으면, 정확한 상황 판단과 함께 골프를 치는 즐거움을 더할 수 있을 것이다.

여기에서는 클럽헤드와의 충돌 이후, 볼이 공중을 비행하면서 공기로부터 작용받는 여러 가지 형태의 긍정적 또는 부정적인 영향에 대해 알아보기로 한다.

## 1) 항력(drag)

### (1) 표면항력

볼은 날아가면서 공기에 힘을 가하게 되며, 이로 인하여 공기의 흐름은 느려진다. 이때 공기는 크기가 같고 방향이 반대인 힘을 볼에 가하게 되는데, 이와 같은 공기의 반작용력을 표면항력이라고 한다. 표면항력은 볼의 진행을 방해하는 힘이다. 표면이 넓고 거칠수록 표면항력은 증가할 것이다.

### (2) 형태항력

공기의 흐름이 빨라지면 압력은 낮아진다. 실례를 들어 보자. 두 장의 종이를 나란히 3~4cm 정도의 간격을 둔 채 입으로 바람을 불어 보자. 종이 사이에 있는 공기의 흐름이 빨라져 주변의 공기보다 압력이 낮아지게 되고, 주변의 공기는 상대적으로 높은 압력이 형성된다. 주위의 높은 압력을 가진 공기가 낮은 압력지역인 종이 사이를 누르게 되므로 종이 간격이 가까워지게 될 것이다.

매년 플로리다 지역을 강타하는 허리케인이 마을의 집 지붕을 날려 버리는 것을 TV에서 종종 보게 되는데, 단순히 바람의 힘에 의한 것이 아니다. 지붕 위는 엄청난 속도의 바람이 지나가므로 압력이 매우 낮은 반면, 집 내부에는 공기의 흐름이 없어 상대적으로 높은 압력이 형성되는 바, 이 집안의 공기가 지붕을 높은 압력으로 밀어내는 것이다. 매우 간단한 이치이지만 공기의 힘은 우리가 생각하는 것 이상으로 강하다.

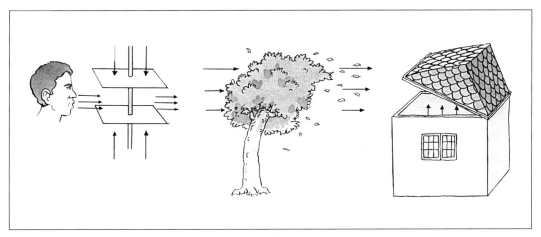

Illust ⑪-6

골프 볼이 공기 속을 빠른 속도로 통과할 때 볼의 앞면에는 공기의 흐름이 느려지면서 공기의 압력이 높아지고, 볼의 뒷면은 Illust 11-7과 같이 낮은 압력의 소용돌이 지역(항적 : 배가 지나간 자국)이 발생한다. 볼 전방의 높은 압력은 볼의 전진을 방해할 것이다. 즉, 볼의 앞뒤면 간의 압력의 차이에 의하여 볼을 뒤로 당기는 힘을 형태항력이라 한다.

사이클 경기에서 뒤를 따라오는 선수가 앞 선수의 이러한 항적지역을 이용하게 되면, 자신의 앞면에 표면항력이 생기지 아니하며, 오히려 앞 선수의 후미에 형성된 항적지역으로 끌어 당겨지므로, 에너지를 적게 들이면서 앞 선수와 동일한 속도를 유지할 수 있게 된다. 사이클 선수가 착용하는 '떨어지는 눈물방울' 형태의 유선형 모자도 이러한 소용돌이 지역을 제거함으로써, 공기의 저항을 최소화시키기 위해 고안된 것이다.

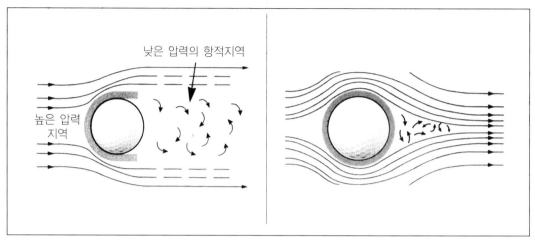

Illust ⑪-7

### (3) 딤플(dimple)의 효과

위와 같은 항적지역을 줄이면 형태항력을 감소시킬 수가 있기 때문에, 골프 볼의 표면에 딤플을 만들어 놓은 것이다. 공기도 점성이 있어 서로 붙어 떨어지지 않으려는 성질이 있다. 이러한 점성에 의하여 볼 표면에는 그림과 같이 공기 경계층(boundary layer)이 만들어지는데, 딤플을 만들면 딤플 속에 공기가 채워지므로 공기 경계층이 그림과 같이 볼 전체로 확대되는 것이다. 볼의 표면이 매끄럽지 못하게 되어 표면항력은 증가하나, 볼의 형태항력이 더 크게 감소하기 때문에, 볼에 가해지는 전체 항력이 감소하여 볼이 더 멀리 날아갈 수 있게 되는 것이다.

현재의 딤플 볼이 등장하기 전에는 거타 퍼처(gutta percha)라고 하는 일종의 고무 볼을 사용하였는데, 이는 표면이 매끄러워서 전에 사용하던 깃털을 채운 가죽 볼보다 비거리가 나지 않았다고 한다. 그런데 볼을 자주 사용함에 따라 표면이 거칠어지면서 매끄러운 새 볼보다 비거리가 더 커지는 현상을 발견하였으며, 이때부터 볼 표면을 거칠게 하는 방법을 연구하기 시작하여 오늘날의 딤플 볼에 이른 것이다.

## 2) 양력(揚力, lift)

### (1) 볼의 스핀은 양력을 만든다

양력은 문자 그대로 '밀어올리는 힘', 즉 상방으로 작용하는 힘으로 보통 생각하는데, 실제로는 상하 좌우 어느 방향으로든지 작용할 수 있다.

우선 볼의 백스핀에 의한 밀어올리는 힘에 대하여 알아보기로 한다. 그림과 같이 볼 표면에 형성된 공기 경계층은 볼의 회전과 함께 회전하게 되는데, 볼의 윗부분 공기 경계층에 있는 공기는 공기의 흐름과 함께 빠르게 이동함으로써 낮은 압력지역을 형성한다. 반면에 볼의 아랫부분 공기는 공기의 흐름과 충돌하면서 속도가 낮아져 높은 압력지역을 만들게 된다. 이와 같은 압력 차이는 양력을 발생시켜 볼을 압력이 낮은 윗방향으로 밀어올리게 된다. 이를 매그너스 효과(Magnus effect)라고 한다.

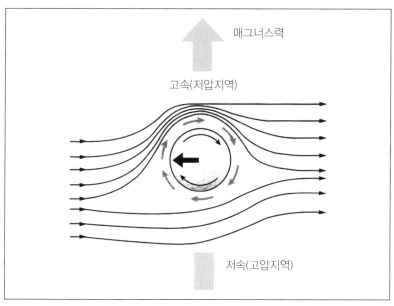

Illust ⑪-8

위의 그림을 시계 방향으로 90도 회전시켜 보면 사이드 스핀에 의한 매그너스 효과로, 볼은 오른쪽으로 휘게 된다.

## (2) 비거리와 양력

골프에서의 양력은 백스핀에 의해서 만들어지며, 백스핀은 볼의 표면 거칠기에 의해서 용이하게 발생된다고 하였다. 그러면 양력과 비거리는 어떤 관계가 있는가? 양력에 의하여 볼이 밀어올려지면 백스핀이 없는 경우에 비해 볼이 공중에서 머물러 있는 시간이 길어지므로, 그만큼 비거리가 증가하게 되는 것이다.

힘이 약한 골퍼들은 가급적 스핀을 많게 하여 볼을 높이 띄우면 볼의 체공시간이 길어짐으로써, 비거리가 늘어나는 것이다. 주말 골퍼들이 드라이버보다 3번 우드가 더 멀리 날아간다고 하는 것은 바로 이러한 이유 때문이다. 거리와 정확성을 동시에 취하고자 하면 드라이버의 로프트를 넉넉히 유지하거나, 3번 우드를 자주 애용하는 것이 바람직하다고 생각한다.

주위에 보면 골프 핸디캡이 보기 수준만 되어도 신중한 고려 없이 드라이버의 로프트를 10도 이하로 가져가는 경우가 많은데, 이는 오히려 드라이버의 비거리를 떨어뜨릴 수 있으며, 이를 만회하기 위해서 강하게 휘두르는 것은 스윙이 망가지는 지름길이 된다.

## (3) 바람과 양력

먼저 앞바람이 불 때를 생각해 보자. 공기가 볼의 앞면을 미는 힘이 증가하고 뒷부분의 항력이 증가하므로, 일단 거리가 줄어든다. 볼의 윗부분을 흐르는 공기 흐름은 앞바람으로 인하여 더욱 빨라지므로 양력이 증가하게 되고, 볼은 상당히 높이 떠서 앞으로 전진하지 못하고 바로 떨어질 것이다. 그러므로 앞바람이 불면 백스핀을 줄이고 스윙 궤적을 낮게 가져갈 수 있는 녹 다운 샷(knock down shot)이 요구된다.

뒷바람의 경우는 필자가 실제로 체험한 이야기로부터 시작하기로 한다. 평소 4번 아이언으로 티 샷을 하는 파3홀에서 뒷바람이 심하여 7번 아이언으로 티 샷을 하게 되었다. 아무리 바람이 세도 기본 거리가 있으니 좀 세게 쳐야겠다는 생각에, 어깨에 힘이 들어가서 약간 토핑성 샷이 되고 말았다. 그래도 바람이 이렇게 불어 주니 그린 주변에는 떨어졌을 것이라고 생각하였는데, 놀랍게도 볼은 불과 100m에도 되지 않는 거리에 놓여 있었다.

뒷바람이 있는 경우에는 기본적으로 볼의 앞뒷면 항력이 감소하므로, 멀리 날 수 있는 기본 여건은 만들어진다. 그러나 앞바람과는 반대로 볼의 윗부분에 높은 압력지역이 형성되므로 볼을 아래로 누르는 양력이 생기게 된다. 이 하방 양력으로 인하여 뒷바람이 불 때는 볼의 체공시간이 짧아지게 되므로, 백스핀을 많이 주어 체공시간을 연장시켜야 하는 것이다.

우리는 뒷바람이 불면 당연히 바람이 볼을 실어다 주는 것으로 생각하여 평소보다 로프트가 큰 클럽을 사용하는데, 전제조건이 있다. 반드시 볼을 높게 치거나 백스핀을 많이 주어 볼을 내리누르는 양력을 상쇄시켜야 한다. 그러면 하늘 높이 올라가 바람을 타고 목표지점까지 무사히 비행할 것이다. 다만 뒷바람이 세게 불수록 런이 많아지므로 이를 감안해야 할 것이다.

왼쪽에서 오른쪽으로 옆바람이 불 때, 페이드 샷을 하면 비거리를 크게 할 수 있다고 하는데, 그의 원인을 알아보자. 스핀에 의해 볼의 앞부분이 옆바람과 같은 방향으로 움직여 공기의 흐름이 빨라지므로 낮은 압력이 형성되고, 뒷부분은 높은 압력지역이 형성되어 볼을 앞으로 밀게 되지만, 실제로는 다른 힘들과 혼합되어 볼의 뒷부분의 항적지역이 감소되는 효과만 발생한다고 한다. 그러므로 슬라이스 스핀이 없는 경우에 비해 추가적인 비거리는 얻을 수 있으나, 슬라이스를 감안하여 왼쪽으로 충분히 겨냥해야 할 것이다.

# 12

# 퍼팅 역학

# Golf (12) 퍼팅 역학

## 1. 퍼팅의 기본

퍼팅은 50%의 감각과 50%의 자신감이라고 한다. 이것이 퍼팅에 필요한 정신적, 인지적 능력이라면, 퍼팅을 실행함에 있어서 지켜져야 할 기본 사항이 있다.

금세기 최고의 퍼터로 인정받고 있는 1984년 마스터스 우승자 벤 크렌쇼는, 바비 존스의 퍼팅을 모범으로 삼아 퍼팅을 연구했다고 한다. 퍼팅은 과학이 아니고 예술이란 믿음으로, 복잡한 테크닉에 얽매임이 없이 간단한 기본기에만 충실했다. 그 결과는 순수하고 자연스런 퍼팅 스트로크로 나타났다.

그가 주장하는 퍼팅의 기본은 정확한 원칙에 입각하되, 개인 고유의 스타일에 적합해야 한다는 것이었다. 정확한 원칙으로는 퍼터를 타깃 라인에 스퀘어하게 맞출 수 있는 편안한 그립, 타깃 라인에 따라 앞뒤로 스윙하는 부드러운 팔 스윙 및 좋은 감각의 세 가지만을 들었다.

이를 위하여 그는 퍼터를 매우 가볍게 잡았으며, 그립을 잡은 좌우 양손이 균형되도록 두 손의 엄지를 일직선으로 그립 위에 두었다. 이로 인하여 손목의 각도는 스윙 내내 일정하게 유지된다. 그리고 자신에게 맞는 그립이 바로 편안한 그립이라고 하였다.

그러나 볼의 위치에 대해서는 개인 고유의 스타일을 유지하고 있었다. 즉, 볼의 위치는 구름을 좋게 하기 위하여 왼발 안쪽 선상에 두었는데, 볼과 인체와의 거리에 있어서 눈 바로 아래에 볼을 두어야 퍼팅 라인을 쉽게 볼 수 있다는 대부분의 코치들 주장과는 달리, 그는 눈의 앞쪽에 볼을 두었다. 크렌쇼가 이런 셋업을 취한 이유는 팔을 부드럽게 앞뒤로 스윙하기 위해서였다고 한다.

표준 스타일에 의할 것인가, 퍼팅 1인자의 예를 따를 것인가? 크렌쇼에 의하면, 퍼터를 타깃 라인에 스퀘어하게 맞출 수 있는 한 자세나 그립은 개인 고유 스타일에 속하는 사항이므로, 자신에게 적합한 스타일을 스스로 찾는 것이 바람직하다고 한다.

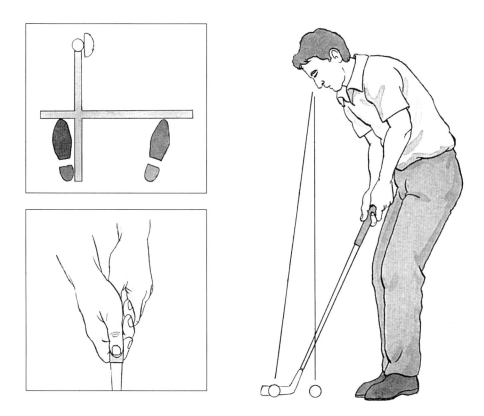

Illust ⑫-1

퍼팅과 같이 아주 작은 힘을 미세하게 조정해야 하는 경우에는 근육에 의한 움직임을 가급적 배제해야 하므로 편안한 자세가 바람직하다. 원래 퍼팅은 중·고등학생 정도 나이일 때 가장 잘 친다고 하는데, 자연스런 동작으로 감각에 따라 치기 때문이라고 한다. 그러다가 그립이나 자세 등의 퍼팅 메커니즘에 물들기 시작하면서 감각이 무디어지고, 자연스러움이 사라지게 되는 것이다.

## 1 ) 퍼팅 스윙 궤도

Illust 12-2의 (a)는 많은 프로와 교습가들이 선호하고 있는 방법인데, 인체 구조상 자연스러운 움직임이라는 주장이다. 오히려 퍼터를 타깃 라인에 일직선으로 유지하는 것이 부자연스럽고 실행하기 어렵다는 입장이다.

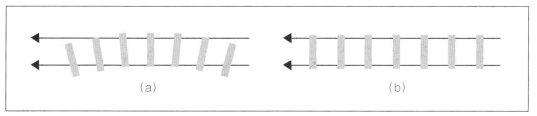

Illust ⑫-2

　그러나 이 방법은 다음과 같은 문제점에 노출되어 있다. 첫째는 헤드의 페이스가 스윙 중 회전(백스윙 시 오픈되었다가 폴로스루 시 닫힌다)하므로 스위트 스폿에 일관되게 맞추기가 어렵고, 둘째는 손이나 팔 근육이 동원되기 쉬우므로 일관성이 떨어지게 된다는 것이다.

　이러한 어려움에도 불구하고 톰 카이트나 호세 마리아 올라자발 선수는 이런 방법으로 성공을 거둔 케이스인데, 이는 그들의 퍼팅 감각이 아주 뛰어나고 충분한 연습량이 뒷받침되었기 때문에 가능한 일이며, 일반 아마추어 골퍼들에게는 바람직

(a)　　　　　　　　　　(b)　　　　　　　　　　(c)

Photo ⑫-1

하지 않은 방법이다.

여기에서 근육이 동원된다는 것이 어떤 의미를 갖는지 알 필요가 있다. 보통 힘의 강약은 운동단위(motor unit)의 동원으로 설명되는데, 운동단위란 하나의 운동신경세포가 관여하고 있는 근육세포의 수를 말한다.

예를 들면, 손 근육에는 하나의 신경세포가 관여하는 근육세포의 수가 10여 개 정도로서, 정교한 동작의 수행을 위하여 많은 신경세포가 분포되어 있으나, 어깨나 등과 같이 큰 근육에는 하나의 신경세포가 관여하는 근육세포의 수가 1,000여 개에 달한다고 한다. 이런 이유로 손을 이용하여 퍼팅을 하는 경우에는 많은 운동단위를 동원해야 하므로 일관성 있는 동작을 수행하기가 쉽지 않은 반면, 어깨 근육을 이용하면 동원되는 운동단위 수가 작기 때문에 조절이 용이하다고 말할 수 있다. 퍼팅과 같이 아주 적은 힘만이 필요한 경우에는 약간의 운동단위의 변화에도 볼은 홀을 크게 벗어나거나, 못 미치게 될 수가 있는 것이다.


## 2) 손바닥으로 밀고, 어깨를 아래위로 움직인다

볼을 원하는 거리와 방향으로 보내기 위해서는 볼에 운동량을 공급해야 하는데, 손이나 팔을 사용하는 경우에는 위에서 설명한 바와 같이 운동단위의 동원이 불규칙하게 이루어질 수 있으므로 일관성이 떨어진다고 하였으며, 손이나 손가락을 사용하면 안 되는 다른 이유는, 이들의 움직임에 의하여 퍼터 페이스가 당겨지거나 밀리게 되므로 방향성이 나빠진다는 것이다. 그러므로 퍼터의 일관성과 정확성을 위해서, 손과 팔은 마치 나무막대기 같은 고정체로서 움직이면서 어깨의 움직임에 의한 운동량을 전달하는 역할에 그치는 것이 바람직하다.

결국 손과 팔을 나무막대기처럼 사용하기 위해서는 어깨의 움직임에 의할 수밖에 없는데, Photo 12-1과 같이 목표선에 따라 퍼터를 움직이기 위해서는 인체 구조상 그림과 같이 어깨를 아래위로 움직여 줌으로써 해결된다. 이때 어깨와 손은 수직 하방으로 동일선상에 위치시키는 것이 바람직하며, 어깨 관절의 특성상 팔과 어깨가 개별적으로 움직일 수 있으므로, 양팔을 몸통에 가볍게 밀착시킴으로써 어깨의 움직임을 정확히 가져갈 수 있다.

그리고 잭 니클러스가 어드바이스한 바와 같이, 스스로 움직이지 못하는 특성을 가진 손바닥을 뒤로 밀어내듯이 백스윙을 하면, 어깨의 움직임을 효과적으로 시동시킬 수가 있게 된다. 손이나 팔보다 어깨의 운동량을 이용하는 경우에는 퍼팅 속도를 느리게 할 수 있으므로, 조절이 쉽고 일관된 퍼팅을 할 수 있다.

### 3) 손목의 고정

퍼팅에서는 손이나 팔을 나무막대기와 같은 무생물체(dead arm and hand)처럼 사용해야 하므로, 이들 부분을 연결해 주는 손목을 고정시키는 것이 매우 중요한 요소이다.

흔히 손목을 고정시키기 위해서 손과 팔뚝에 힘을 주어 그립을 강하게 잡는 경향이 있는데, 근육의 긴장으로 인하여 퍼팅에 필요한 힘의 강약 조절을 매우 어렵게 하며, 방향성을 손상시키기 쉽다.

무릎 관절의 예에서 보는 바와 같이 무릎을 살짝 굽혀 주면 다리에 힘을 주지 않고서도 하체를 고정시킬 수 있듯이, 왼손목을 고정시키기 위해서는 왼손목을 살짝 꺾어주면 된다. 퍼터의 그립을 자세히 보면 다른 클럽과 달리 휘어져 있는 것을 알 수 있는데, 그립을 왼손바닥으로 잡으면 왼손목이 살짝 꺾이게 되어 있다. 그리고 왼손 검지를 빼서 오른손가락 위에 놓거나, 왼손이 그립의 아랫부분을 잡는 역그립도 손목을 고정시키는 데 매우 유용한 방법이다. 기본적으로 그립을 손안에 편안하게 안착시키되, 매우 가볍게 잡는 것이 중요하다(Photo 12-2).

### 4) 헤드의 무게로 퍼팅하라

퍼터의 경우에도 다른 클럽과 마찬가지로 임팩트 시에는 인체의 움직임과 관계없이 자유롭게 움직이는 물체로서 볼과 충돌하게 된다. 이는 흔히 퍼팅은 헤드의 무게로 쳐야 한다는 말과 일맥상통하는데, 이 말의 의미는 우선 손과 팔에 의해서 퍼터가 조정되어서는 안 되며, 퍼터 그립을 일반 클럽보다 훨씬 약하게 잡은 상태에서 어깨의 움직임에 의하여 수동적으로 움직여야 한다는 것이다.

이와 관련하여 다운스윙 시 퍼터 헤드를 가속시켜야 한다거나 다운스윙의 크기가 백스윙의 100~120% 정도가 되어야 한다는 말을 종종 접하게 되는데, 운동 역학적

(a) 손목의 꺾임

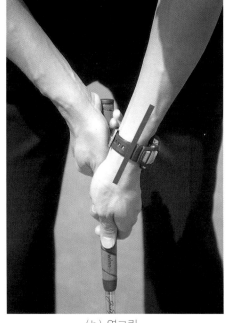
(b) 역그립

Photo ⑫-2

으로 설명하면 다음과 같다.

백스윙 시 헤드는 일정한 운동에너지를 가지고 움직이는데, 백스윙 탑(P 지점)에서 헤드의 운동에너지는 0이 되면서 위치에너지 형태로 보존된다. 헤드는 손에 의해서 조정되는 것이 아니고 자유롭게 움직이는 물체이므로, 어깨의 움직임에 의한 궤도상에서 자유낙하하게 되며, 위치에너지는 다시 운동에너지로 전환되어 헤드를

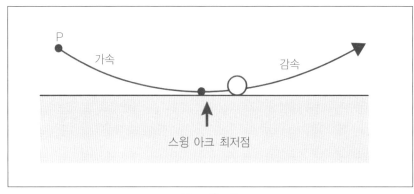
Illust ⑫-3

Photo ⑫-3 토핑

Photo ⑫-4 내리치는 것

움직이는 데 사용된다. 이때는 중력에 의하여 가속도가 붙으므로 다운스윙이 진행될수록 속도가 증가하며, 스윙 아크의 최저점에 이르러 최대속도가 된다.

그리고 손이나 팔에 의한 추가적인 힘이 없다면 운동에너지는 보존되므로 임팩트 후 일부 에너지를 볼에 전달하고 나머지 에너지에 의해 폴로스루가 진행되는데, 이론상으로는 백스윙 크기보다 다운스윙이 작아야 할 것이나, 헤드의 관성에 의하여 백스윙 크기보다 조금 더 나아갈 수 있을 것이다.

Photo ⑫-5

이처럼 헤드의 가속이나 다운스윙의 크기는 자연스럽게 이루어지는 것이다. 막연히 헤드를 가속시키라는 말은 손이나 팔에 의하여 추가적인 힘을 더해야 한다는 것으로 오해될 소지가 있으며, 다운스윙 크기도 의도적으로 만들려고 하면 불필요한 힘이 작용할 수 있음을 유의해야 할 것이다.


## 2. 퍼팅 역학


### 1) 볼은 미끄러지다가 구른다

퍼팅된 볼은 처음에는 전혀 구르지 않는다. 미끄러질 뿐이다. 미끄러지는 과정에서 볼 표면과 풀 사이의 마찰에 의하여 속도가 느려진다. 이 마찰력은 볼과 풀이 접촉하는 부분에 작용하면서 볼의 진행을 저지하는데, 볼은 계속 운동량을 갖고 움직이려고 하므로 볼의 윗부분은 속도가 빨라지면서 서서히 회전하기 시작하며, 볼 자체의 속도는 계속되는 풀의 저항에 의하여 속도가 줄어든다. 그러다가 볼 자체의 스피드와 회전 스피드가 일치하는 시점에서 미끄러짐은 사라지고 구름(rolling)만이 있게 된다.

볼이 정지된 상태에서는 볼의 무게에 의하여 잔디가 눌리므로, 볼의 아랫부분은 잔디에 잠겨 있는 것이다. 그러므로 퍼팅으로 볼을 구르게 하려면, 일단 볼을 잔디에서 꺼내어 잔디 위로 올려야 하는 것이다. 퍼터 페이스에 로프트 각도를 두는 것도 이런 이유 때문이다.

구름 마찰력은 미끄럼 마찰력에 비해 훨씬 작으므로, 볼은 서서히 감속되면서 많이 굴러가게 된다. 운전 중 전방에 위급한 상황이 벌어졌을 때, 급브레이크를 한번에 밟지 않고 여러 번에 나누어서 브레이크를 밟는 것이 좋다고 하는데, 이는 자동차가 미끄러질 때보다 굴러갈 때의 마찰이 적으므로, 적은 힘으로도 자동차를 쉽게 멈출 수 있기 때문이다.

## 2) 퍼팅에서 스핀은 없다

많은 사람들이 볼의 윗부분을 치면 오버 스핀이 생겨 그린 위에서 볼이 잘 구르게 될 것이라고 생각하는데, 퍼팅에서 스핀은 없다. 실제로 볼에 오버 스핀을 주기 위하여 볼의 윗부분을 치려면, 퍼터 페이스 구조상 퍼터의 스위트 스폿 아랫부분이 접촉되어야 할 것이다. 이는 토핑이 된 것과 동일한 결과이므로 에너지가 충분히 전달되지 못하여, 거리가 일정치 않게 된다(Photo 12-3). 그리고 당구대라면 몰라도 그린과 같이 부드러운 표면에서는 설사 스핀을 주더라도 풀의 마찰에 의하여 스핀이 바로 소멸된다. 담요 위에서 퍼팅을 한다고 생각해 보라.

내리막 퍼팅에서 볼에 작용되는 힘을 적게 하기 위해서 위에서 깎아치듯이 백스핀을 주는 경우는 이론상 구름을 억제하고 미끄러짐을 길게 함으로써 마찰이 커지므로 볼의 속도가 느려진다는 것이나 그 효과가 무시할 정도이고, 위에서 내리치는 것은 볼을 튀어 오르게 하므로 퍼팅의 안정성이 많이 손상될 수 있다(Photo 12-4).

그리고 동일한 목적으로 볼을 퍼터의 토 부분으로 치는 경우가 있는데, 이는 퍼터 헤드를 시계 방향으로 회전하게 하므로, 볼은 오른쪽 방향으로 나간다. 힘을 적게 하려면 퍼터 그립을 내려 잡거나 백스윙을 작게 하면 되는데, 굳이 방향성을 희생해 가면서 그리 할 필요는 없을 것이다(Photo 12-5).

볼에 슬라이스 스핀을 주기 위하여 퍼터를 타깃 라인의 대각선 방향으로 치게 되면, 홀의 왼쪽 방향으로 지나가게 된다. 스핀은 없으므로 홀을 향하여 휘는 일도 없게 된다.

모든 퍼팅은 직선이다. 볼이 휘는 것은 중력의 영향에 의하여 볼이 높은 곳에서 낮은 곳으로 움직이기 때문이다.

보다 중요한 사실은 퍼터 중심에 볼 중심을 정확히 맞춤으로써 모든 퍼팅은 성공적으로 수행될 수 있는 것인데, 굳이 스핀을 주려는 행동은 퍼팅 동작을 복잡하게 만들어 일관성만 해치게 된다. 지금부터 퍼팅에 스핀을 주려는 생각은 아예 머리속에서 지워 버리는 것이 옳다.

## 3) 퍼팅 스피드

### (1) 퍼팅의 기본 중 기본

유명 프로들의 퍼팅에 대한 코멘트는 한 마디로 '스피드'이다. 스피드가 무엇인가에 대해서는 선뜻 대답하기가 쉽지 않다. 퍼팅을 당겨 친다든가, 밀어치는 것은 당장 눈에 보이지만 스피드는 그렇지 않기 때문이다. 그러나 이의 의미는 의외로 간단하다.

정지되어 있는 볼을 움직여 홀에 넣기 위해서는 볼에 운동량을 공급해 주어야 한다. 이 운동량은 인체의 동작에 의해서 생성되어 샤프트를 통하여 퍼터 헤드에 전달되고, 임팩트에 의하여 볼에 공급될 것이다. 여기에서 '볼의 운동량＝볼의 무게×볼의 속도'인데, 볼의 무게는 항상 같으므로 문제가 되는 것은 볼의 속도(＝스피드)뿐이다. 그러므로 퍼팅에서 가장 먼저 결정할 사항은 볼을 홀에 넣기 위해 필요한 볼의 스피드인 것이다. 이를 위해서 퍼터를 어느 정도 힘으로 얼마 동안 충격량을 가할 것인지는 퍼팅하는 사람의 감각과 경험에 의존하게 될 것이다.

대부분의 골퍼는 먼저 퍼팅 라인을 결정하고 이에 맞는 볼 스피드를 결정하는 경우가 많은데, 막상 어드레스에 들어서면 이미 결정된 라인과 볼과 홀 사이의 거리를 커버하기 위한 볼 스피드가 일치하지 않는 경우가 많이 생김을 경험으로 알 것이다. 목표 라인이 같아도 스피드에 따라 볼의 궤적은 여러 가지가 나올 수 있기 때문이다. 이런 경우 퍼팅 라인에 스피드를 꿰어 맞추어야 하므로, 좋은 결과를 기대하기 어렵다.

TV의 골프 중계방송을 보면, 어드레스하기 전에 오른손으로 퍼팅을 쥐고 홀을 향하여 앞뒤로 흔드는 장면을 종종 목격하게 되는데, 이것이 볼의 스피드를 사전에 가늠하는 동작인 것이다. 먼저 스피드를 생각하고 라인을 정하는 것이 순서이다. 실제는 스피드와 라인을 동시에 고려할 것이다.

## (2) 17인치 이론에 대하여

퍼팅 스피드에 대해서는 견해가 나뉘고 있다. 골프 천재인 바비 존스나 잭 니클러스는 그들의 저서에서 명백히 말하기를 "볼은 홀컵의 바로 앞에서 떨어지도록 쳐야 한다."는 것이다. 아직도 이를 추종하는 견해가 많이 있는데, 이론적 근거는 다음과 같다.

퍼팅 방향이 조금 빗나갔다 하더라도 볼의 스피드가 거의 죽은 상태에서 홀 가장자리에 이르면 볼이 홀 쪽으로 떨어질 수 있는 확률이 크다는 것이며, 조금이라도 스피드가 더 있게 되면 홀을 그냥 지나치거나 홀을 돌아서 나올 수 있다는 것이다. 이런 스피드로 퍼팅을 함으로써, 홀을 더 크게 이용할 수 있다는 것이다.

그리고 이런 경우에는 첫 퍼팅을 미스하더라도 볼이 항상 홀에 가까이 붙어 있을 것이므로, 스리 퍼팅을 걱정할 필요가 없게 된다고 한다.

이러한 골프 천재들의 퍼팅 스피드에 대하여 의심을 갖고, 실험을 통하여 이를 반박한 것은 쇼트 게임의 대가 데이브 펠츠(Dave Pelz, 《쇼트 게임 바이블》과 《퍼팅 바이블》의 저자)였다. 그는 볼이 홀컵을 지나 17인치 되는 지점에 멈추었을 때, 홀 인될 확률이 가장 크다는 것을 실험으로 증명하였던 것이다.

아래 도표에 나타난 바와 같이, 17인치 이전까지는 운동량을 증가시킴에 따라 확률이 가파르게 상승하는 모습을 보여 주고 있는데, 이는 볼의 운동량이 떨어진 상

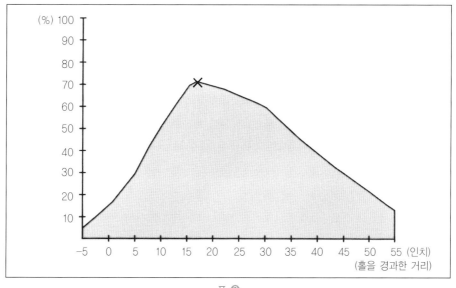

표 ❷

태에서 홀 주변의 여건에 의해서 영향을 많이 받는다는 사실을 증명해 주고 있다. 17인치 이후에 그래프가 하강하는 것은 홀 가장자리에서 중력보다 원심력이 우세하여 홀을 돌아 나오는 경우나 운동량이 많아 홀을 그냥 지나치는 경우가 반영되었기 때문으로 생각할 수 있다. 이를 운동 역학적으로 설명한 것은 디어도어 요르겐슨인데, 그의 설명을 들어 보자.

"일정 기간 물체에 힘을 가하면 물체의 운동량을 변화시킨다. 이러한 운동량의 변화는 물체의 스피드를 변화시키거나, 방향을 변화시킨다(뉴턴의 제2법칙)."

홀로부터 2ft 거리에서 두 개의 퍼팅을 한다고 가정하자. 하나는 홀컵 바로 앞에서 홀인하는 스피드의 퍼팅이고, 다른 하나는 홀컵을 지나 다시 2ft를 더 지나가는 스피드의 퍼팅이다. 후자는 4ft를 보내야 하므로 전자보다 강하게 쳐야 할 것이다. 그러므로 초기 2ft거리에서는 후자의 속도가 전자보다 빠르고, 소요시간이 적어진다. 따라서 빠르게 움직이는 볼의 운동량 변화는 천천히 움직이는 볼보다 적게 된다. 위 뉴턴의 제2법칙에 의하여, 후자의 경우가 초기 2ft의 거리 내에서는 스피드나 방향의 변화가 적을 것이므로, 미스할 확률이 적어진다는 것이다. 그리고 이러한 원리는 모든 퍼팅에 똑같이 적용되므로, '땡그렁' 소리를 자주 듣기를 원한다면, 모든 볼을 홀컵에서 17인치 지날 정도의 스피드로 쳐야 한다는 것이다.

이 부분은 다소 이론적이어서 이해하기 어려운 면이 있을 것으로 생각되는데, 사실은 이러하다. 또 TV 얘기를 해야겠다. 홀컵 주위에서 볼이 미스되는 경우를 유심히 보면, 홀컵 주위에서 볼이 상당히 많은 변화를 겪는 것을 알 수 있다. 심지어는 홀의 바로 뒤에서 볼이 정지하는 경우도 심심치 않게 볼 수 있다. 이를 두고 우리는 홀 주변에 굴곡이 많다고 생각하는데, 그것은 반드시 그렇지가 않다.

홀의 근처에 도달한 볼은 운동량이 거의 소진된 상태로서 외부의 힘에 영향을 받기 쉬워진다. 외부의 힘이란 바로 풀(또는 흙 알갱이, 죽은 벌레 등)의 저항력을 말하는데, 약간의 풀의 저항에도 볼은 쉽게 방향을 바꾸거나 멈추게 되는 것이다. 만약 운동량이 조금만 넉넉하게 남아 있어도 이들 장애물을 이겨내면서 볼은 홀컵으로 무사히 진입할 수가 있을 것이다.

여기에서의 결론은 명백하다. 퍼팅의 홀 인 확률을 높이고, 짧은 퍼팅에서 심리적 불안으로 인한 미스를 줄이기 위해서, 모든 퍼팅은 홀에서 17인치 정도 지나칠 정도의 스피드로 쳐야 한다.

**13**

# 벙커 샷 역학

아마추어 골퍼들의 기피 1호는 단연 벙커 샷이다. 프로들도 벙커 샷을 좋아하지 않기는 마찬가지다. 일단 벙커에 빠지면 파를 세이브할 수 있는 확률이 어프로치 샷에 비해 낮기 때문이다. 일류 프로들의 벙커 세이브율이 50% 정도에 머무르고 있는 사실이 이를 대변해 준다.

## 1. 백문불여일행(百聞不如一行)

그러면 벙커 샷을 잘 하는 비결은 무엇일까? 그렉 노먼이 말했다시피, 벙커에 들어가서 2시간만 있다 나오면 적어도 벙커 샷에 대한 두려움은 싹 없어진다. 백문불여일행(百聞不如一行)이라고, 벙커 샷은 이론을 백 번 듣는 것보다 한 번 실행함으로써 해결될 수 있는 문제이다. 주말 골퍼들이 벙커 샷을 잘 못하는 이유는 단지 연습할 수 있는 여건이 마련되어 있지 않기 때문이다. 암투병 끝에 재기에 성공한 폴 에이징어나 게리 플레이어는 벙커 샷에 관한 한 자타가 공인하는 일인자이다. 이들은 30m 이내의 샷은 거의 홀에 붙이는 정도라는데, 평소 벙커를 끼고 살다시피 했다고 한다. 틈만 나면 벙커에 들어가서 살았다는 얘기이다. 무슨 샷이든지 해 보지 않고는 잘 할 수 없는 것이다.

## 2. 벙커 심리학 – 샷 이미지

벙커 샷을 하러 벙커로—사막으로—걸어 들어갈 때마다 엄습하는 실패에 대한 두려움. 그러나 두려움이 없어진다고 하여 벙커를 쉽게 탈출할 수 있는 것도 아니다. 심리가 샷을 대행해 주지는 않기 때문이다. 벙커 심리 1단계가 두려움을 극복하는 것이라면, 2단계는 나는 잘 할 수 있다는 긍정적, 적극적인 자신감이 될 것이며, 마지막 3단계는 아무 생각 없이 벙커에 들어가서 그냥 핀에 붙이고 나오는 단계이다(소위 '자동화 단계'라고 한다).

샷에 있어 가장 중요한 요소는 무엇일까? 이 책의 군데군데 언급되어 있어 관심을 끌지는 못했지만, 그것은 자기가 의도하고 있는 샷에 대한 이미지이다. 골프 심리학 제1장에서 언급되어야 할 주제이다.

우리는 벙커 샷을 어떻게 치는가? 어깨로 친다? 바디로 친다? 아니다. 골프는 두뇌가 치는 것이다. 두뇌가 없다면 우리는 아무 것도 하지 못한다(반사동작은 예외이지만). 손이나 발은 두뇌에서 지시를 받음으로써 움직일 뿐이다. 이 말의 의미는 뇌에 스윙에 대한 기본 정보가 입력되어 있어야 한다는 얘기이다. 다른 말로 표현하면, '내가 벙커 샷을 할 때는 이런 생각을 갖고 이렇게 스윙을 한다.'라는 개념이 정해져 있어야 한다는 의미이다. 그래야만이 뇌에서 필요한 동작을 사지에 지시할 수가 있기 때문이다. 이러한 기본 정보 내지는 개념을 샷 이미지라고 하는데, 비단 벙커 샷뿐 아니라 모든 샷에는 이미지가 구축되어 있어야 일관된 샷을 할 수가 있다.

## 1) 익스플로전(explosion) 샷

벙커 샷을 할 때, 모래가 튀어 오르는 모습이 마치 폭탄이 폭발할 때의 형상과 같아 벙커 샷은 익스플로전 샷이라고 불려 왔다. 이 이미지에 의하면 벙커 샷은 '모래를 폭발시키듯이 친다.'가 될 것이다. 그러나 프로들의 벙커 샷은 많은 힘이 필요한 특수한 라이 상황이 아니면 폭발시키는 경우가 그리 많지 않다.

이 이미지는 벙커 샷에 대한 결과에 초점이 맞추어져 있다. 그러므로 우선 샷에 많은 힘이 필요하다는 생각을 갖게 할 수 있고, 폭발시키기 위해서 필요 이상으로 강하게 치는 경향을 유발할 수 있기 때문에 별로 바람직하지 않다고 생각한다.

## 2) 볼을 모래에서 떠낸다

벙커 샷은 약간의 모래와 함께 볼을 떠낸다는 이미지가 실제와도 부합한다. 이는 샷의 결과가 아닌 벙커 샷이 이루어지는 과정에 착안한 이미지라고 볼 수 있으므로, 아래의 벙커 샷 원리를 음미하면서 이해하면 좋을 것이다. 이와 관련해서는 다음의 Illust 13-1과 같이 세 가지의 샷 이미지가 많이 인용된다.

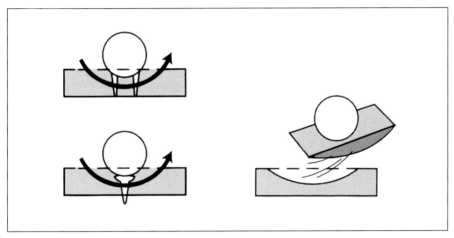

Illust ❸-1

# 3. 벙커 샷 원리

## 1) 볼 접근 각

벙커 샷의 볼 접근 각은 가파르다. 통상 알고 있는 벙커 샷의 어드레스 자세와 스윙 요령을 보면, '무게중심을 왼발 쪽에 두고 스탠스와 클럽 페이스를 오픈한 후, 코킹을 일찍 만들어서 아웃사이드인 스윙 궤도로 스윙한다.'이다. 전장에서도 언급했듯이 볼 접근 각을 가파르게 하기 위하여 여러 가지 방법이 동원될 수 있는데, 이 중 자신에게 잘 기능하는 방법을 선택하면 될 것이다. 이는 샌드웨지의 클럽 뒷면과 바닥면(sole, 솔이라고 한다)의 특수성 때문인데, 솔이 지면에 미리 접촉하여 클럽이 튀는 것을 방지하고, 필요한 양만큼의 모래만 떠내기 위해서이다.

## 2) 모래 속에서의 스윙 아크

가파른 접근 각에 의하여 볼 뒷면 모래에 접촉된 샌드웨지는 스윙이 진행되면서 두툼한 바운스에 의해 모래 속을 더 이상 파고 들어가지 못하고 Illust 13-2와 같이 아크를 그리면서 필요한 만큼의 모래만 떠내게 되는 것이다.

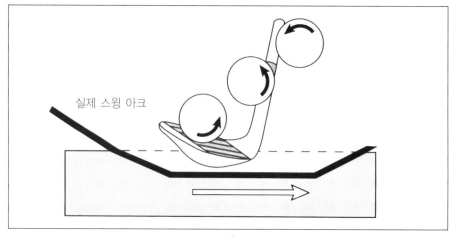

실제 스윙 아크

Illust ⑬-2

이때 중요한 사실은 클럽이 모래를 압축시키고 이렇게 압축된 모래가 볼을 밀어내는데, 떠내는 모래의 양이 많지 않아 클럽은 에너지의 손실이 적으므로 빠른 속도로 모래를 떠나는 한편, 볼은 모래에 의하여 밀어질 때까지 시간이 소요되므로

Photo ⑬-1

클럽의 뒤에서 떠오르게 된다. 이것이 바로 떠내는 벙커 샷의 기본 모습이다(Photo 13-1). 이를 위해서는 샌드웨지의 페이스를 오픈시켜 주어야 한다. 그렇지 않으면 모래를 떠내는 대신 모래 속을 파고 들어가 에너지를 낭비해 버리기 때문이다.

그리고 모래를 강하게 치면 오히려 볼이 벙커에서 나오지 않는 경우가 많은데, 클럽헤드가 모래를 강하게 접촉하면 모래도 클럽에 저항하는 힘(반작용력)이 강해지기 때문이다. 이러한 모래의 저항은 클럽헤드의 스피드를 감소시킬 것이다. 클럽헤드가 모래 속을 부드럽게 통과할 때, 모래의 저항을 받지 않고 필요한 모래의 양만 떠낼 수 있을 것이다.

## 3) 모래는 압축되어야 한다

샷에 의하여 모래가 압축되지 않으면 Illust 13-3에서 보는 바와 같이 볼을 밀어내기 위한 에너지의 전달이 여의치 않게 된다. 벙커 샷을 힘있게 쳤지만 볼이 앞으로 나아가지 못하는 이유는 샷에 의한 에너지가 모래를 압축하거나 모래를 퍼내는 데 소진되어 볼에 전달되지 못했기 때문이다.

이와 같이 볼을 밀어내기 위한 모래를 압축하는 데 많은 에너지가 필요하므로, 벙커 샷은 같은 거리의 어프로치 샷에 비해 백스윙 크기가 커야 하는 것이다. 젖은 모래의 경우에는 습기가 모래와 모래 사이를 연결시켜 압축된 상태이므로 떠내는 모래의 양이 적어져야 하며, 마른 모래나 알이 작은 가는 모래는 압축이 잘 안 되므로 상대적으로 많은 양의 모래를 떠내야 한다.

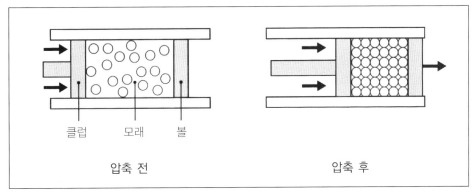

Illust ⑬-3

# 후 기

 족하나마 《골프 스윙의 원리》에 대한 원고를 마치고 나니 일단 한숨은 돌렸다 싶으면서도 마음은 더욱 바빠지는 느낌이다. 그것은 다음에 출간할 골프 심리학에 대한 부담감 때문이다.

잘 아시다시피 골프 스윙이라는 것은 몸과 마음의 합작품으로서, 이 중 어느 하나만 가지고는 절대로 완성되는 것이 아니다. 그러므로 골프 역학에 이어 골프 심리학을 출간하는 것은 어떤 의미에서 나의 의무라고도 할 수 있겠다. 일단 시작한 일을 반쪽으로 내버려둘 수는 없는 일이기 때문이다.

공장에서 사용되는 자동화기계의 예를 들어 보자. 자동화기계는 몸체인 기계 부분과 이를 가동하기 위한 컴퓨터 프로그램으로 구성되어 있는데, 아무리 몸체(우리 인체에 해당됨)가 완벽하여도 이를 움직이기 위한 프로그램(우리의 뇌에 해당됨)이 없이는 움직일 수 없는 것과 마찬가지 이치이다. 골프 역학은 몸체에 해당되며, 골프 심리학은 프로그램에 해당하는 것으로 비유될 수 있을 것이다.

이 관계를 구체적으로 얘기하면, 골프 스윙의 원리 자체로 골프 스윙이 완성되는 것은 아니며, 그 다음은 이를 어떻게 우리 뇌에 프로그램화 시키는가의 문제가 남아 있다는 것이다. 흔히 골프 심리학은 현장에서 발생하는 각종 불안감이나 집중력 문제 등 심리적 상태만을 다루는 것으로 알고 있으나, 골프 심리학의 실제 중요성은 스윙 원리의 입력 과정, 장기간 저장의 문제, 입력된 내용을 효과적으로 출력하는 문제를 다룬다는 사실에 있음을 인식할 필요가 있다.

어쨌든 골프 역학과 골프 심리학은 손바닥과 손등과 같은 관계로서, 서로 보완하여 하나의 골프 스윙을 완성해 간다고 생각하면 될 것이다. 특히 골프 심리학은 골프 역학과 마찬가지로 우리가 골프를 치면서 이해하지 못했던 많은 부분을 설명해 줄 수 있으므로, 골프를 배우는 묘미를 한층 더 느낄 수 있게 해 줄 것으로 믿는다. 골프 심리학의 탄생을 기대하시라.

# 골프 스윙의 원리

2024년 2월 20일 2판 2쇄 발행

지은이 * 김성수
펴낸이 * 남병덕
펴낸곳 * 전원문화사
07689 서울시 강서구 화곡로 43가길 30. 2층
    T.02)6735-2100. F.6735-2103
E-mail * jwonbook@naver.com
등록 * 1999년 11월 16일 제 1999-053호
Copyright ⓒ 2002, by Song-Soo Kim
        printed in Seoul, Korea